홀로서기 철학

홀로서기 철학

양현길 지음

삶의 순간에서 당신을 지탱해 줄 열세 가지 철학

진성북스
JINSUNGBOOKS

프롤로그
Prologue

현재 우리는 과거와 비교해서 사람들과 소통하기 좋은 시대에 살고 있다. 메신저와 소셜 미디어는 언제 어디에서나 실시간 정보를 주고받으며 빠르게 소통할 수 있게 해주었고 다양한 소통을 가능케 한다. 소셜 미디어를 통한 소통은 사회적 연결성을 증가시키고 새로운 인맥을 형성하게 하여 기존에 알고 지냈던 관계를 넘어서서 무한대로 확장할 수 있게 해준다. 굳이 문밖을 나가지 않아도 화상전화로 얼굴을 보며 대화할 수도 있고 서로의 채널에 방문해서 '좋아요'와 댓글로 안부를 물을 수도 있다. 자신의 취향에 맞는 사람들을 연결해 주는 플랫폼도 생겨나면서 다양한 사람들과 생각을 나누어 볼 수도 있다.

언뜻 보면 지금 세상은 외로움과는 거리가 멀어 보인다. 내가 조금만 노력해도 새로운 사람들과 언제든 이야기를 나누고 소통할 수 있기 때문이다.

하지만 직접 대면하여 소통했던 과거보다 현대 사회에서 우리들은 외로움이라는 감정을 더 많이 느끼면서 살아가고 있다. 소셜미디어를 통해 다양한 사람들의 삶을 엿보고 소통할 수 있지만 온통 밖을 향해있는 관심은 도통 나를 바라보지 않는다. 또한 소셜미디어와 메신저로 언제나 외부와 연결된 상태로 있어야 하는 환경에서 조용하게 나와 소통하는 시간을 갖는 게 어렵게 느껴진다. 정작 나와는 어떠한 디지털 기계도 없이 연결되어 있다는 사실을 자각하지 못한다.

외로움이라는 것은 사람들과 소통해야 해소되는 감정이 아니다. 내 생각과 삶을 주도적으로 살아가는 것이 아니라 온통 외부로 향해있는 시선은 남들에게 의존하여 외로움을 달래기 때문에 더욱더 외로워지는 것이다. 많은 사람 속에서 나를 잃어버리고 내가 남들에게 어떻게 비칠까 걱정만 해서는 외로움을 치유할 수 없다. 많은 사람과 만나고 시간을 보낼수록 더 외로워질 뿐이다. 왜 그런 걸까?

외로움은 의존성과 연결된다. 내가 위로와 위안을 얻는 방법이 사람들과의 만남과 교류를 통해서만 해소된다면 많은 부분을 타인에게 의존하는 상태이다. 외로움에서 벗어나고 싶다면 내 삶에서 의존이라는 단어를 떨쳐내야 한다. 그리고 이를 위해서는 자기 자신을 만나는 시간이 필요하다. 내가 무엇을 좋아하고, 어떤 생각을 하고 누구인지 정확하게 알아갈수록 단단한 내가 만들어진다.

주변 사람들과 단절되는 것이 아니라, 혼잡한 세상의 시간을 살아가다가 잠시 나만의 공간에서 나와 시간을 보내보는 것이다. 나만의 세상을 여행하다 보면 다양한 나의 모습을 만나게 되고 경험이 쌓이면 단단한 내면이 만들어진다.

여정의 끝에는 홀로서기가 있다. 홀로 설 수 있다는 것은 사람들과 만남에서도 즐거움을 찾을 수 있지만 혼자 있어도 행복해하고, 온전한 시간을 잘 보낼 수 있음을 의미한다. 누군가와 함께 있지 않다고 해서 외로워하는 대신 나만의 세상을 실현해 낼 수 있게 된다. 그래서 홀로 선다는 것은 누군가에게 의존하지 않고, 온전히 나로서 세상을 잘 살아갈 수 있다는 것을 의미한다. 홀로 설 수 있다면 사람들과 관계에서 어떤 상황이 벌어져도 흔들리지 않는다. 스스로 믿기 때문에 세상에 혼자 남겨져도 잘 살아갈 수 있다.

역사적으로 홀로서기를 성공한 부류가 존재한다. 바로 철학자들이다.

그들은 자기만의 생각이 뚜렷했다. 나만의 삶을 어떻게 살아가야 할지 계속해서 고민했다. 그렇게 삶에 대한 철학을 만들어 스스로에 적용하고 사람들에게 알려주었다.

『홀로서기 철학』에는 자신만의 세계를 만들고 세상에 홀로 우뚝 선 철학자들이 전해주는 메시지가 담겨 있다.

몽테뉴, 카뮈, 랄프 왈도 에머슨, 쇼펜하우어 그리고 노자와 장자까지 동서양을 아우르는 철학자들의 세계를 담은 홀로서기의 철학을 통해서 나의 내면과 어떻게 연결되고, 세상과 소통하면서 나만의 의미를 찾는 방법을 발견하게 될 것이다.

Contents

Chapter 3
물 흘러가듯 사는 삶에 대하여

Chapter 4
스스로 만들어 나가는 삶에 대하여

Chapter 1
온전한 자신이 되기 위한
삶에 대하여

1.1
자기 자신이 먼저다

_ 몽테뉴

아무도 자기 안으로 들어가려 하지 않는다. 다른 사람들이 수없이 많은 친구나 지인들에게 권세와 명예를 위해 애정을 베푼다면, 나는 모든 애정을 내 영혼과 나 자신에게 쏟는다. 새어나가는 애정이 있다고 하더라도 그것은 내 의지가 아니다.

자신의 존재를 충분하게 느끼는 것은 매우 숭고한 일이다.

타인을 위한 삶은 충분히 살았다. 이제 남아 있는 인생만큼은 자신을 위해 살아가자.

– 『몽테뉴 수상록』

나이가 들수록 사람들과의 만남이 조금씩 줄어든다. 평생을 함께할 것 같았던 어린 시절 친구들과 자연스럽게 알게 된 새로운 사람들도 각자의 삶을 향하여 나를 떠나간다. 평생의 행복 같았던 자식들도 독립하고 나와 함께하는 시간은 겨우 생일이나 명절같이 특별한 날뿐, 만날 기회는 점점 줄어든다. 직장에서 동고동락했던 동료들도 자기 살길을 찾아 하나둘씩 떠나가고, 새로운 직원들과 가까워지기는 여간 쉽지 않다.

세월이 흐를수록 새로운 사람을 만날 기회보다 알고 지내던 사람과 헤어짐의 빈도가 더 늘어난다. 어느덧 나의 지인은 가족 외에 몇 남지 않았다. 지금 나는 괜찮은 걸까?

누구나 혼자가 되어야 한다

외로움은 쉽지 않은 감정이다. 세상에 혼자 있다는 외로움을 느낄수록 불안한 마음이 올라온다. 새로운 사람을 만나보고 싶다는 생각도 문득 든다. 하지만 나이를 먹고 새로운 인연을 만난다는 것이 부담스럽고 신경 쓰여 선뜻 마음먹어지지 않는다. 그래서 우리는 나이가 들수록 '혼자가 되어도 괜찮다'는 사실을 이해해야 한다.

'혼자'는 주변에 가족도 친구도 없이 독수공방하는 것만이 아니다. 또 사회에서 벗어나 세상과 단절되어 산속에서 홀로 사는 것만도 아니다. 혼자의 진정한 의미는 '내가 홀로 있어도 괜찮은 상태'

를 뜻한다. 이는 억지로 세상과 단절하여 홀로 있음이 아니라, '불가피하게 갑자기 모두와 멀어지더라도 기꺼이 받아들이고 잘 살아갈 수 있음'을 의미한다.

때로는 주변에 사람이 많아도 혼자 있는 시간을 만들어 나 자신에게 더 집중하고 스스로 존중하는 것이 필요하다. 그래서 철학자 몽테뉴는 "나라는 존재를 아끼고 스스로 소중하게 여기는 건 성스럽고 숭고한 일"이라고 표현했다. 주변에 사람이 많더라도, 갑자기 혼자가 되더라도 상관없이 우리는 나를 향해서 숭고한 일을 행해야 한다. 그 누구에게 보여주기 위한 것이 아닌 '혼자'일 때, 비로소 우리는 스스로를 이해하고 더 많은 관심을 주는 시간을 확보하게 된다.

혼자여도 괜찮다는 건, 곧 타인에게 의존하지 않는 삶을 의미한다. 그리고 의존하지 않는 삶이란 인생을 살아가면서 발생하는 수많은 만남과 헤어짐 속에서 나 자신을 지키고, 설사 혼자가 되더라도 흔들림 없이 행복하게 살아가는 것을 말한다.

우리는 왜 혼자인 인생도 행복할 수 있는 것일까? 그것은 타인에게 의존하지 않고 홀로 서는 것이 진정 성숙한 어른의 삶이기 때문이다.

주어진 삶에서 나 홀로 설 수 없음은 곧 내가 누군가에게 의존하고 있음을 의미한다. 따라서 삶을 남에게 의존한다는 건, 우리가 아직 미성숙한 아이의 삶을 살고 있다는 증거가 된다. 육체적으로 이미 성장한 우리는 어른으로서의 삶을 살아가야 하는데 마음은 여전히 성장하지 못하고 있다. 『어른으로 살아갈 용기(윌러드 비처, 이지북)』에서는 어른과 아이의 차이점에 대해서 다음과 같이 이야기한다.

이 험난한 세상에 태어난 아이는 누군가에게 기대어 살아갈 수밖에 없다. 그들은 혼자서 하지 못하는 일이 많기 때문에 부모님의 도움을 필요로 한다. 의존이란 아이에게 있어 중요한 생존 방식이다. 그래서 누구로부터 보살핌을 받느냐 받지 못하느냐는 아이의 주된 관심사가 된다. 그렇게 아이에서 성인이 된 우리는 스스로 걷기 시작한다. 사회에서는 스스로 공부하고, 나의 의사와 판단으로 업무를 하며, 내 인생에서 닥쳐오는 문제들을 홀로 해결해야 하는 상황들이 주어진다. 그런 문제들은 우리에게 자립심을 지니고 주도적으로 행동할 것을 요구한다. 하지만 성인이 된 우리가 아이처럼 누군가에게 의존해서 일을 처리하려 할 때는 문제가 발생한다.

내 삶에 외로움이라는 문제가 생겼을 때 홀로 서지 못한 사람은 내면의 가치관에 따라서 판단하고 생각하는 대신 외부에서 도움을 찾게 된다. 이런 마음이 바로 '의존심'이다.

의존심이라고 하는 마음에는 '나는 혼자서 아무것도 할 수 없다'고 생각하는 스스로에 대한 불신이 깔려 있다. 그래서 홀로 서지 못한 사람은 외롭거나 힘들 때 더욱 타인을 갈구하게 된다. 그 사람과 친하지 않아도, 별로 좋아하는 사람이 아니어도 상관없다.

홀로 서지 못한 사람은 스스로 극복하지 못한다고 믿고 있기에 타인을 갈구한다. 그래서 좋아하지 않거나 친밀감이 떨어지는 사람들과도 만난다. 현재의 외로움을 해결하기 위해 이롭지 못한 사람들과도 관계를 형성하기도 한다. 하지만 정작 관계에 얽매일수록 우리는 점점 홀로 있는 시간을 즐기지 못하게 된다. 타인의 손길이 없이는 살아갈 수 없는 어린아이처럼, 주변 사람들에게 의존하는 방법으로만 세상을 살아간다.

가끔은 내가 누군가에게 의존하거나 정신적으로 묶여 있는 건 아닌지 진지하게 생각해 보는 시간이 필요하다. 내가 먼저 성숙하고 어른이 되어야 비로소 세상에 혼자 살아갈 수 있는 상태가 된다. 그래서 몽테뉴는 어른의 삶, 즉 삶을 온전한 나 자신으로 살라고 말했다. 삶에서 판단과 평가가 필요할 때, 남들의 기준이 아니라 '내면의 기준'으로 스스로 평가해야 한다.

우리는 매 순간 타인을 향해있는 시선을 나에게 돌려, 나라는 존재가 있음을 먼저 느껴야 한다. 내가 무엇을 좋아하고 어떠한 생각을 하는지, 자신을 이해하기 위한 노력과 고민을 멈추지 않아야 한다. 동시에 나의 기쁨을 나 스스로 결정하며 타인에 의존하는 일은 경계해야 한다. 나의 행복을 타인에게 맡긴다면 스스로는 행복해질 수 없다. 내가 의도하고 바꿀 수 있는 건 오직 나 자신뿐이다.

몽테뉴는 진정으로 나 자신이 되기 위해서는 '온전한 나만의 공간과 시간을 갖는 것'이 중요하다고 말했다. 이를 위해서는 직장, 가족, 친구 관계와 같이 나에게 주어진 삶의 의무들에서 잠시 벗어나 보는 게 좋다. 나를 옭아매는 속박과 당연했던 관계에서 잠시라도 떨어지면, 지금까지 보지 못했던 자신의 참모습을 보게 될 것이다.

1년 중 며칠을 계획하여 홀로 보내는 시간을 가져도 좋다. 그게 어렵다면 하루 중 단 30분이라도 나를 만나는 시간을 가져보자. 타인과의 만남과 여행에 시간을 낼 수 있는 사람이라면 나 자신과의 약속도 얼마든지 지킬 수 있다.

무언가에 옭아매지거나 속박당한 채 온전한 나를 만나기란 쉽지 않은 법이다. 혹여 직장에서 중요한 프로젝트라도 진행하고 있다면 나의 모든 영혼과 생각은 오롯이 회사에 머물게 된다. 퇴근 후에도 '프로젝트를 이렇게 진행하고 관리해야지', '사람들과 이렇게 소통해야지'라는 상념이 머릿속을 지배한다. 그래서 온전한 나를 만나기 위해서는 물리적인 요소뿐만이 아니라 정신적으로도 오롯이 나에게만 집중할 수 있는 환경을 마련해야 한다. 그래야 내가 나를 제대로 볼 수 있다.

우리는 오늘도 죽음과 산다

나다운 삶은 그 자체로 재미있는 삶이다. '나'라는 존재는 나와 평생을 함께할 동반자이다. 내 안의 동반자가 나를 아끼고 애정을 쏟으며 존중한다는 건, 곧 모든 사람에게 인정받지 못하고 비난받는다고 해도 적어도 단 한 명만큼은 절대적으로 내 편임을 의미한다.

몽테뉴의 삶 역시 자기 자신을 위한 일로 가득했다. 미셸 에켐 드 몽테뉴Michel Eyquem de Montaigne는 1533년 프랑스 페리고르Perigord 지방의 몽테뉴 성에서 태어났다. 부유한 상인의 아들로 자라난 그는 어렸을 때부터 라틴어 교육을 받았다. 그러나 정작 몽테뉴의 삶은 그리 순탄치 않았다. 16세기 유럽은 역사상 손꼽히는 암흑기였다. 1540년~1660년 종교 개혁으로 인하여 벌어진 전쟁으로 많은 사람이 죽었다. 14세기부터 창궐한 흑사병은 여전히 유럽 사람들을 위협했으며 몽테뉴의 인생에도 어김없이 영향을 끼쳤다.

몽테뉴의 30대는 가족과 친구들의 죽음으로 얼룩져 있었다. 그는 30살이 되던 해, 평생의 친구인 라보에티를 전염병으로 잃었다. 34살에는 아버지 피에르 에켐이, 그다음 해에는 남동생 아르노가 사망했다. 몽테뉴 자신도 37세에 낙마 사고로 죽을 고비를 넘겼으며 같은 해 첫 아이가 태어났지만 두 달 후 사망했다.

가족들과 친구들의 죽음을 기점으로 38세의 몽테뉴는 외부 세계에 작별을 고한다. 다른 사람들을 위한 삶을 정리하고, 이제는 자기 자신을 위한 삶을 살기로 결심한 것이다. 우선 몽테뉴는 15년 동안 맡았던 판사의 직위를 내려놓았다. 그리고 아버지에게 물려받은 몽테뉴 성에서 높고 단단한 탑 건물 하나를 찾아냈다. '치타델레Zitadelle'라고 불리는 자기만의 공간에서, 몽테뉴는 홀로 책을 읽고 생각하며, 자신만을 위한 일을 시작했다.

몽테뉴는 결혼 생활을 비롯해 사회 속 시민으로서의 모든 삶을 내려놓고 고독한 자신만의 공간으로 들어갔다. 그렇게 몽테뉴는 10년이라는 세월을 탑에서 보냈다. 그리고 이 10년이라는 고독의

내가 어디에 있든,
결국 자기 자신으로 돌아와야 한다

시간 동안 몽테뉴의 『수상록』 초판이 출간되었다. 자신을 향한 긴 시간 끝에 이르렀던 사유가 책으로 엮인 것이다.

그렇게 칩거에 들어가고 10년이 되던 해에 몽테뉴는 훌쩍 여행을 떠났다. 수상록 원고를 인쇄하도록 넘겼으며 자신의 생애를 요약한 책 두 권도 출간한 상황에서 일어난 일이었다. 더한 자유를 얻기 위한 그의 여행은 약 17개월 동안 지속되었다. 여행 끝에 성으로 돌아온 몽테뉴의 모습은 생기와 활력으로 가득 차 있었다.

어느덧 청년기를 지난 몽테뉴는 자기 모습으로 더 큰 자유를 얻기 위한 삶을 살았고, 그가 원한 삶은 현실로 다가오는 듯했다. 하지만 역설적으로, 자신의 삶을 살기 위해 내려놓았던 공직자의 삶은 다시금 그를 찾아왔다. 세상에서 멀어져 자기 자신으로 더 깊숙이 들어간 그를 반대로 세상이 부른 것이다.

몽테뉴는 프랑스 보르도의 시장으로 임명되었고, 그렇게 4년 동안 보르도 시장으로 지냈다. 하지만 1585년 시장으로서 두 번째 임기가 끝나는 해에 흑사병이 보르도를 덮쳤고, 시민의 절반인 1만 7천여 명이 사망했다. 그 후 몽테뉴는 1592년 사망하는 순간까지 『수상록』을 5판 출간했다. 죽음이라는 주제는 몽테뉴를 계속해서 인생 내내 건드렸다.

우리는 삶을 사는 동시에 죽음을 사는 존재다.

– 몽테뉴

우리는 삶에서 죽음에 관한 생각을 분리해서는 안 된다. 삶의 무게 역시 죽음과 함께 떠올려야 한다. 누구에게나 저마다 짊어지는 무게가 있다. 돈의 무게, 직장의 무게, 가정의 무게, 자식으로서의 무게 등, 한없는 중압감에 시달리면서 하루를 살아간다. 이런 우리에게 몽테뉴는 누구나 삶의 무게를 줄이고, 휴식 같은 시간을 가질 수 있다고 이야기한다. 그리고 그러한 몽테뉴의 사고 중심에는 '죽음'이 있다.

무엇이 우리를 자유롭게 하는가?

모든 건 다 망하고 나는 어차피 죽으며 일에는 끝이 있게 마련이다. 지금 내가 겪고 있는 고통스러운 상황들은 시간이 지나면 어떻게든 끝이 난다. 지겹고 힘든 회사 생활에도 분명 마지막 출근날이 있을 것이다. 내 인생을 잠시 접어두고 잠 못 이루며 힘들게 키웠던 자식들도 언젠가는 훌쩍 커서 내 곁을 떠나게 된다. 궁극적으로 우리 인생도 언젠가는 죽음이라는 끝이 온다. 누구에게나 죽음은 이미 정해진 인생의 결론이다.

그렇기에 모든 존재는 평등하다. 자연의 섭리 속에서, 우리는 자연의 미세한 조각 중 하나이다. 오래 살았는지 짧게 살았는지도 상관없다. 사라지고 난 후에는 길고 짧음이 아무 의미가 없기 때문이다.

인간의 삶은 자연이라는 수억 년이라는 시간 중에서 지극히 짧은 순간이다. 이러한 자연의 흐름 속에서 우리에게 일어나는 다양한 불행들은 너무도 가벼워진다. 죽음은 우리가 유한한 존재임을 깨닫게 해준다. 우리는 태어나서 삶을 살아가는 동시에 끝으로 한 발씩 다가가게 된다.

삶의 마지막을 대하는 태도는 크게 두 가지로 나누어진다. 하나는 내가 죽는다는 것을 완전히 잊고 끝이 정해지지 않은 것처럼 살아가는 것, 그리고 나머지 하나는 언젠가는 반드시 끝이 있음을 받아들이고, 기억하며 사는 것이다.

몽테뉴는 "죽음에서 도망가는 것은 삶에서 도망가는 것"이라고 말하며, 그렇기에 인간은 온전히 죽음이라는 사실을 받아들여야 한다고 강조했다. 그는 죽음이란 아름다운 자연의 섭리이며, 인생의 끝을 받아들이고 직시하는 것이 삶의 진짜 모습을 볼 수 있는 좋은 방법이라고 생각했다. 죽음이 다가올수록 우리 삶의 본래 모습이 드러난다. 진정 소중하다고 생각하는 것들과 기억들이 무엇인지, 끝에 다다라서야 우리는 깨닫게 된다.

인생에는 우선순위가 있다. 그렇기에 인생에서 무엇을 중요하게 여기는가에 대해 끊임없이 가치 판단을 하게 된다. 그리고 그 결론을 토대로 우리는 행동하고 인생을 살아간다. 우리의 삶에 끝이 있다는 사실을 직시하고 인생의 우선순위를 다시 한번 정리해 보자.

지금 우리가 중요하다고 여기는 것들을 다시 한번 재정립해 볼 필요가 있다. 나를 괴롭히고 삶을 무겁게 만드는 이슈들이나 상황들이 정녕 나에게 있어 중요한 것인지 고민해 보아야 한다.

어쩌면 내가 미처 생각하지 못한 평범한 일상들이 나에게 있어 세상에서 가장 소중한 것들이었을 수도 있다. 그것만이 내가 죽기 전에 떠오르는 기억으로서 가져가는 것들이기 때문이다. 지금 나의 평범함이 사실은 위대한 삶이었음을 발견하게 될 수도 있다. 이 시점에서 나에게 고통을 주고 괴롭게 만든 것들은 한없이 보잘것 없어진다. 그 고통이 죽을 때 생각날 확률이 매우 낮다면 더욱 그렇다.

몽테뉴는 좋은 삶에 대해서 어떻게 말하고 있을까. 그는 "죽음은 결론이자 결과는 되지만 삶의 목표는 아니다"라고 말했다. 죽음을 통해서 우리는 어떻게 살아야 할지에 대한 좀 더 나은 깨달음을 얻을 수 있는 것이다.

몽테뉴가 생각한 좋은 삶은 단순하다. 춤을 추고 싶을 때는 춤만 춘다. 잠을 잘 때는 그냥 잠만 잔다. 산책을 하다가 다른 생각이 들면, 그 생각을 걷어내고 다시 산책에 집중한다. 휴식을 취할 때는 온전히 쉰다.

인간에게 있어 최고의 작품은 우리가 평범하게 즐기는 일상이다. 몽테뉴는 통치하고 부를 축적하며 계획을 세우는 모든 일들은 '단지 사소한 것들일 뿐'이라고 강조했다.

삶을 즐긴다는 것은 지금 이 순간을 온전히 누린다는 의미이기도 하다. 몽테뉴는 미래에 집중하는 것은 시간 낭비라고 말했다. 사람들은 아직 오지도 않는 미래에 대한 걱정에 빠져서 현재의 즐거움을 망치고는 한다. '미래에 대해 근심하는 영혼이 불행'한 까닭이다.

우리가 지금 행복하지 않은 건 시시때때로 변하는 내면의 욕망 때문이다. 내가 얼마나 소유하고 있는가, 또는 얼마나 물질적으로 풍요로운가의 문제가 아니다. 그럼에도 인간은 이를 깨닫지 못하고 항상 부족한 면만 보다가 결국 불행해진다.

몽테뉴가 강조하는 것은 일상의 행복과 지금 나에게 주어진 시간에 만족하는 태도이다. 이것만은 내가 선택할 수 있다. 그래서 행복은 스스로의 마음에 달려있다.

업무에 몰입하는 대표에게 일주일 동안 일과 멀어진 채 휴가를 다녀오라고 하면 그는 일주일 내내 불안해할 것이다. 이때 대표에게 휴식은 고문이 된다. 술주정뱅이에게는 금주가 고문이지만 술을 못 하는 사람에게는 술을 권하는 회식 자리가 세상에서 가장 불편한 상황이 된다.

결국 우리의 삶은 각자의 상황과 맥락에 어떻게 의미를 부여하는가에 따라서 결과가 달라질 뿐이다. 우리가 어떤 상황에 놓여 있는지보다 어떻게 그 상황을 해석하는지가 중요한 이유이다.

몽테뉴 역시 그리 편치 않은 환경과 사회에서 삶을 살았다. 혼란스러웠던 16세기 유럽에서 인간의 내면을 연구했다. 그는 인간의 삶과 죽음을 면밀하게 관찰하여 생각을 정리했고, 수상록을 통해서 이에 대한 통찰과 생각을 우리에게 전해주었다.

삶의 마지막을 직시했을 때 우리는 진정한 현실을 만나게 된다. 죽음을 통해 삶의 우선순위를 다시 정립할 수 있게 되고, 그 과정에서 우리를 짓눌렀던 삶의 무게를 가볍게 할 수 있는 깨달음을 얻게 된다.

그 후에는 단지 삶을 즐기면 된다. 살아가고 있는 지금 이 순간

Chapter 1 온전한 자신이 되기 위한 삶에 대하여

을 즐기고 나라는 사람을, 나를 사랑하는 내면의 동반자와 함께 존
중하면서 재미있게 살면 된다.

1.2
고독이라는 '모닥불'과 살아가라

_쇼펜하우어

인생은 고통과 권태 사이를 마치 시계추같이 왔다 갔다 한다.

인간은 평생동안 고통과 함께 살아가는 운명이다.

인간은 태엽에 감겨 아무 생각 없이 돌아가는 시곗바늘과 같다.

– 『삶의 예지』

인간관계는 고통을 낳는다. 헤어짐에는 고통이 뒤따른다. 상대를 배려하고 친절하게 대했는데 돌아오는 건 마음의 상처들이다. 가족도 예외는 없다. 오히려 가족이기에 마음에 새겨지는 상처는 더 크고 아프다. 주위에서 겪고 있는 정신적 문제 중 어렸을 때 부모님과의 관계에서 오는 것들이 많다. 그렇게 우리는 사람들과의 관계를 갈망하면서 관계를 형성하지만, 그 때문에 마음의 고통을 느끼게 된다.

아르투어 쇼펜하우어Arthur Schopenhauer는 인생의 고통에 대한 자신만의 관점을 우리에게 말해준다. 쇼펜하우어의 철학적 관점을 통해 우리는 왜 사람들과 관계에서 고통을 받고, 어떻게 해야 고통에서 해방될 수 있는지 깨닫게 된다.

욕망이 우리를 괴롭게 한다

쇼펜하우어는 우리의 삶이 불행과 고통으로 가득 차 있다고 말한다. 그는 인간이 평생을 고통받는 이유가 욕망 때문이며, 우리들이 살고 있는 세상을 욕망이 끓어 넘치는 곳이라고 설명했다. 욕망이 가득 찬 인간들이 서로 끊임없이 싸우고 경쟁한다. 이게 바로 우리가 사는 세상이다.

시간은 쉬지 않고 우리를 몰아세운다. 숨도 못 쉬게 하고 채찍질한다.

– 쇼펜하우어

세상에 태어나서부터 죽을 때까지 인간은 욕망을 끝없이 추구한다. 먹고 자고 쉬고 싶은 원초적인 욕망부터, 많은 돈을 벌거나 특정한 물건을 소유하고 싶어 한다. 누구보다도 좋은 성적을 받고싶고, 타인에게 사랑받거나 인정받고 싶으며, 건강한 채로 남들보다 더 자유로운 인생을 누리고 싶어 한다. 이처럼 원하는 것을 얻기 위해서 끝없이 노력하는 것이 인간의 욕망이다. 하지만 우리는 원하는 모두를 가질 수 없다. 오히려 살아가면서 내가 원하는 것을 얻지 못하는 경우가 더 많다.

갖고 싶지만 갖지 못하기에 결핍을 느끼고 결국 스스로 고통받게 된다. 내가 원하는 것을 얼마나 많이 갖게 되었는지와는 관계없이 고통과 욕망의 순환은 계속된다. 나보다 위에 있는 사람들, 내가 없는 것을 가진 사람들과 끊임없이 비교하면서 욕망은 계속해서 커지고, 상대적인 결핍은 언제나 나를 따라다닌다. 결국 욕망에서 비롯된 결핍과 좌절 때문에 삶이 고통스러워진다.

설사 행운과 노력으로 인해 욕망이 전부 채워진다고 해도 문제는 어김없이 생겨난다. 인간은 권태를 느끼는 존재이기 때문이다.

누군가 어릴 적부터 꿈꿔왔던 인생의 목표인 아파트를 마침내 소유하게 되었다고 생각해 보자. 계약서를 작성하고 짐을 옮긴 뒤 집에서 누리는 모든 순간이 즐거움으로 가득할 것이다. 하지만 내가 그 집을 소유하고 있음이 당연해지는 순간부터, 시간이 지날수록 즐거움은 점점 줄어들게 된다.

권태는 소유에서만 느끼는 감정이 아니다. 잠을 줄여가며 스펙을 쌓고, 수많은 경쟁에서 승리한 끝에 그토록 원하던 직장에 입사한다. 승진도 하고 연봉도 전보다 오르지만, 인생에서 목표를 이루었다는 충만감과 즐거움은 한때일 뿐, 일상이라는 '당연함' 속에서 빠르게 사그라진다. '입사만 할 수 있다면 회사에 충성을 바치겠다'고 적힌 자기소개서를 뒤로 한 채, 쌓여있는 업무와 괴로운 인간관계에 떠밀려 오늘도 술과 짧은 동영상으로 마음을 달랠 뿐이다.

이렇게 인간은 어떤 욕망이 충족되더라도, 평온하게 시간이 흘러가면 공허함과 권태로움을 느끼며 자극적인 행동을 찾게 된다. 오락이나 도박에 중독되기도 하고, 드라마나 영화를 고를 때도 더 자극적인 것을 추구한다.

독일의 철학자 쇼펜하우어는 '인간이 모든 욕망을 다 충족하고, 원하는 대로 살아가게 되면, 인간은 지금과 같이 발전하지 못했을 것'이라고 단언했다. 그의 말처럼 모든 욕망이 충족되었다면 셰익스피어는 글을 쓰지 않았을 것이고, 플라톤은 철학자가 되지 못했을 것이며, 칸트 역시 『순수이성비판』을 출간하지 않았을 것이다.

이처럼 적당한 고통과 고난은 더 나은 사회를 위해서 꼭 필요하다.

인간은 결핍과 권태를 오가면서 살아간다. 그로 인해 삶은 결국 어떻게 하든 고통으로 가득하게 된다. 욕망이 충족되면 권태가 찾아오고, 만약 부족하면 결핍이 찾아온다. 쇼펜하우어는 이러한 인간의 속성을 '결핍과 권태 사이에서 왕복하는 시계추와 같다'고도 표현했다.

사실 삶의 모든 순간이 그럴 것이다. 누구에게나 행복해지는 순간은 있다. 욕망이 충족되고, 권태가 찾아오기 직전에, 잠시 행복이 찾아온다. 하지만 그 시간은 매우 짧다. 그렇기에 쇼펜하우어는 "삶의 목적은 행복이 아니며, 오히려 삶의 목적은 고통인 것이 더 합리적인 표현"이라고 이야기했다.

그의 세계관은 이 세계를 '신이 만들 수 있는 최악의 세계'라고 정의한다. '나'라는 개별 된 존재가 각각의 욕망을 품고 있으며, 그 욕망을 충족시키기 위해서 서로가 싸우고 비난하며 치열하게 살아간다. 결핍을 강하게 느낀 한 사람이 다른 사람을 끌어내리기 위해서 노력하고, 반대로 권태로움을 느끼는 사람이 자신의 자극을 위해서 다른 사람에게 악독한 행동을 저지르기도 한다. 그렇게 형성된 이 세상은 지옥도의 단면 같기도 하다.

세상에서 사람들과 부대끼며 살다가 고통을 느끼게 되는 이유는 사람들과의 관계 속에서 피어나는 욕망 때문이다. 우리가 겪는 불행이나 재앙은 대부분 남의 시선을 의식하는 생각들에서 비롯된다.

"남이 뭐라고 나를 평가하지?" 이런 생각을 자주 하는 사람은 남의 평가의 노예다. 노예는 늘 주인의 눈치를 살피고, 주인의 명령을 따라야 하는 존재다. 자기가 싫어도 주인이 원하면 해야 한다.

– 『쇼펜하우어 인생론』

왜 남의 시선을 의식하는 것들이 욕망과 연결될까? 그것은 인간 내면에 '인정욕구'가 있기 때문이다. 쇼펜하우어는 "사람들이 한평생 노력하고 부를 일구는 원인은 남들로부터 인정을 받기 위함"이라고 말했다. 권력에 대한 욕망도 결국은 남들 앞에서 더 당당해지고 싶기 때문이라는 것이다.

남들로부터 받게 된 인정에서 나 자신을 평가하는 주체는 곧 타인이다. 그래서 인정욕구를 추구할수록 주변 사람들이 나를 어떻게 생각하는지가 매우 중요해진다.

내가 남의 평가를 중요하게 생각할수록 나의 삶은 더 고통으로 가득해진다. 정확하게는, '자유를 잃는 고통'을 겪게 된다. 쇼펜하우어가 말하는 자유를 박탈당한 '노예'가 되기 때문이다.

그저 남들이 사니까 나도 따라서 사고, 남들이 가니까 값비싼 식당에 가며, 다른 사람이 비싼 옷을 걸치니까 따라 사게 된다. 그리고 이를 SNS에 올리거나 사람들과 대화할 때 자랑거리로 삼기도 한다. 하지만 쇼펜하우어의 관점에서 우리들은 그저 노예에 불과한 이가 된다. 그저 누군가의 욕망을 따라 하기에 급급한 인간이 된다.

타인의 평가에 의존하면 또 다른 문제가 생겨난다. 바로 나를 평가하는 사람들이 다양하다는 점이다. 인간은 독립된 존재다. 그렇기에 각자 저마다의 관점을 통해 사람들을 평가한다.

남들의 평가를 중요하게 생각하는 사람들에게, 저마다 다른 평가 기준은 삶을 더욱 피곤하게 만든다. 예를 들어 10명 정도 남짓 되는 등산 커뮤니티에 속해 있다고 생각해 보자. 다른 사람들을 의식하면 할수록 매주 등산 갈 때 어떤 옷을 입을지 고민이 깊어진다. 만약 너무 비싼 옷을 입으면 질투하는 사람들이 나타날지도 모른다. 그렇다고 저렴한 옷을 입고 가자니 은근한 무시가 걱정된다. 이러한 상황이 반복될수록 도대체 어디에 장단을 맞춰야 할지 헷갈리게 된다.

결국 이 모두는 나보다 남의 시선을 중요하게 생각해서 벌어지는 일이다. 설령 내가 좋아서 하는 등산일지라도, 남의 평가에 신경을 더 쓸수록 내가 내릴 수 있는 결정의 폭이 좁아진다. 그 결과, 너무 비싸지도, 또 너무 저렴하지도 않은 무난한 브랜드 제품을 고르게 된다. 사실 나는 저렴한 브랜드의 옷을 입고 싶음에도 불구하고, 결국 우물쭈물하다가 원치 않는 선택을 하게 된다.

그렇다면 우리는 남의 시선이 아닌 무엇에 집중하면서 살아야 하는 걸까?

바깥의 자아, 내면의 자아

쇼펜하우어는 인간에게 3가지 자아가 있다고 말했다. 바로 '참된 자아'와 '물질적 자아', 그리고 '사회적 자아'다.

참된 자아는 가장 넓은 의미의 인격으로서 건강, 체격, 용모, 성격 품성 및 지적 능력을 포함한다. 반면 물질적 자아는 모든 물질적 소유물과 연관되어 있으며, 사회적 자아는 남의 눈에 비치는 자아로서 명예 지위 등을 의미한다. 참된 자아는 그가 본질적으로 어떤 사람인가, 물질적 자아는 어떤 것을 소유하고 있는가, 사회적 자아는 다른 사람들에게 어떻게 보이는가를 의미한다.

물질적 자아와 사회적 자아는 위에서 언급한 인정욕구와 연결된다. 이 두 자아는 내가 많은 것을 소유할수록, 그리고 다른 사람들로부터 더 인정받고 찬사를 받을수록 나의 가치가 높아진다고 여기게 만든다. 그래서 현재 자신의 처지와는 상관 없이 더 많이 가지려고 하고, 이를 다른 사람들에게 자랑하려고 하게 된다. 사회적 지위도 마찬가지다. 좋은 회사에서 중요한 부서에 소속되어 업무를 수행하고, 높은 직위를 가질수록 자신이 더 중요한 사람이라고 여기게 된다.

하지만 재산이나 명예, 지위 등에 사로잡히는 일에는 반드시 문제가 뒤따른다. 인간의 욕망에는 끝이 없기 때문이다.

연봉 1억을 달성하면 만족하기보다는 더 많은 돈을 벌 수 있는 방법을 찾는 게 사람이다. 팀장이 되면 어느새 임원이 되고 싶고, 사장이 되어보고 싶은 게 사람이다. 이러한 욕망은 회사에만 국한되지 않는다. 한발 더 나아가 회사라는 울타리 밖에서 월급을 뛰어넘는 돈을 벌어보고 싶어 한다.

한 번 작동하기 시작한 물질적 자아와 사회적 자아는 멈추지 못한 채 계속해서 더 많은 것을 추구하게 만들고, 그렇게 삶은 계속해서 고통으로 이어진다. 돈을 많이 벌면 벌수록 더 많은 물질과 행위가 가능해지지만, 그것은 이내 더 큰 욕망과 권태로움으로 변질되어 간다.

게다가 내가 그토록 욕망했던 재산과 명예조차 내 마음대로 얻어지지 않는다. 원하는 부를 이루지 못하고 좌절하는 일은 이제 이야깃거리도 되지 못하는 흔한 일이다. 수많은 투자 성공 사례들은 많은 이들을 경제적 자유라는 달콤한 꿈으로 인도했지만, 어느새 찾아온 인플레이션으로 인해 대다수 국민의 자산은 크게 무너져 내렸다. 재산의 손실이 또 다른 고통으로 다가오게 된 것이다.

인플레이션은 개인이 예측하기도, 대응하기도 어려운 거대한 자본주의 시스템의 현상이다. 그저 자연재해처럼 일어났고, 경제에 악영향을 주었으며 나는 재정적으로 함께 파도에 휩쓸렸을 뿐이다. 현상 앞에서 재산이나 명예, 지위로 인한 자아는 매우 불완전하다. 나의 모든 욕망을 쉽게 만족시키지도 못한다. 외부에 파도가 요동칠 때마다 함께 휩쓸려 갈까 두려움에 떨 수밖에 없다.

그래서 쇼펜하우어는 인간의 행복과 삶에서 가장 중요한 것은 내면에 있다고 말한다. 당장 내가 무엇을 소유하고 있는지, 다른 사람 눈에 어떻게 평가되고 있는지는 중요하지 않다. 내가 집중해야 하는 것은 바로 '참된 자아'이다.

참된 자아는 내가 지금 소유하고 있는 것들과 사회적인 지위나 명예 등에서 벗어나, 오롯이 남은 나라는 존재를 말한다. 지금 생각하고 있는 나, 감정을 지닌 나, 의지를 품고 행동하는 나라는 사람이 모두 '참된 자아'가 된다. 쇼펜하우어는 참된 자아가 내 삶에 결정적인 요건이라고 말한다. 행복과 불행은 결국 참된 내가 어떠한 사람인가에 따라서 결정되기 때문이다.

그의 말처럼 인간은 외부에서 일어나는 같은 사건을 각자 다르게 느끼며, 같은 환경이라고 할지라도 전혀 다르게 해석한다. 참된 자아가 본래 우울한 사람은 재산의 유무와 관계 없이 삶은 곧 비극이라고 판단한다. 반면 긍정적인 사람은 삶이 벼랑 끝에 놓여있을지라도 긍정적으로 해석하려 한다. 행복에 무관심한 사람은 인생을 무미건조하게 바라보지만, 행복한 사람은 어떠한 삶을 살더라도 행복을 발견한다. 나에게 주어진 상황이란 있는 그대로 일어난 현실과 함께, 사람들이 생각하고 판단한 주관적인 해석으로 구성된다.

이처럼 상황을 판단하는 주체가 바로 '참된 자아'다. 쇼펜하우어는 이런 참된 자아는 확실하고 분명해서 일관성이 있다고 평가했다. 이처럼 물질적 자아나 사회적 자아는 외부 영향에 얼마든지 쉽게 무너질 수 있지만, 참된 자아는 외부 영향에서 벗어나 자유로울 수 있다.

참된 자아는 신체의 건강과 함께 내면적이고 정신적으로 풍요로운 상태에 따라서 더 좋아질 수도 있다. 쇼펜하우어가 행복의 첫 번째 요소이자 가장 중요하게 여긴 것이 바로 건강인 이유다. 육체와 정신은 강하게 연결되어 있기에 건강을 잃으면 삶의 기반이 무너진다. 그는 건강을 증진하고 유지하기 위해 끝없이 신체를 단련할 것을 강조했고, 몸을 움직이거나 산책하는 것을 중요하게 생각했다.

참된 자아는 결국 '내가 누구인가'에 따라서 많은 것이 달려있다. 나라는 존재 안에 행복과 불행이 달려있고, 인생의 전부가 달려있다는 믿음이다. 이 믿음이 부족하면 누구라도 참된 자아로부터 멀어진다. 불안한 마음이 들면 끊임없이 외부에서 무언가를 찾곤 한다. 강의를 듣거나 돈 버는 방법을 배우고 집착하며, 나의 내면에서 벌어지는 일들에서 점차 관심이 멀어진다.

외부에서 벗어나 자기 자신에게 관심을 기울이게 되면, 진정한 자기 자신이 된다. 물질적 자아나 사회적 자아보다 참된 자아가 더 중요해지게 되는 것이다. 그렇게 되면 외부의 영향에서 나의 삶이 더 자유롭게 되고, 훨씬 삶이 안정적으로 변하게 된다.

고독에서 시작되는 자유

이처럼 자기 자신으로 살 것을 강조했던 쇼펜하우어의 삶은 어땠을까? 쇼펜하우어는 1788년 폴란드의 항구 도시인 단치히Danzig에서 태어났다. 아버지는 부유한 상인이었고, 어머니는 19세기 초 독일에서 이름을 날리던 유명한 소설가였다. 쇼펜하우어의 아버지와 어머니는 나이 차이도 스무 살이나 났고 성향도 매우 달랐다. 어머니는 살롱을 운영하는 등 사교적이고 낙천적인 성격이었던 반면 아버지는 엄격하고 고지식했다.

쇼펜하우어는 10대 시절 아버지와 떠난 유럽 여행 중 프랑스 툴롱에서 노예들이 겪는 참상을 경험하게 된다. 그곳에서 배에서 노를 젓는 흑인 노예 6,000여 명을 감금해 놓는 시설을 보고 큰 충격을 받게 된다. 그 지옥과 같은 광경에서 비롯된 충격은 쇼펜하우어에게 삶과 고통에 대해 생각하게 만들기 충분했다. 결국 그는 고통으로 가득한 삶이라는 주제에 자신의 인생을 바치기로 결심한다.

1805년, 쇼펜하우어가 17살이 되었을 때 충격적인 사건이 벌어진다. 아버지가 스스로 목숨을 끊은 것이다. 쇼펜하우어는 아버지의 비극적인 죽음이 온전히 어머니의 탓이라고 생각했다. 아버지가 외로워할 때도 어머니는 툭하면 파티를 열었고, 그로 인해 아

고독의 시간은
인생의 고통을 이겨내는 데 꼭 필요하다

버지가 고통을 겪을 때 그녀가 즐거워했다고 생각했기 때문이다.

사실 그의 아버지는 우울증과 불안장애에 시달렸으며, 어머니는 그런 남편과의 결혼생활로 인해서 고통을 받아왔다고 한다. 하지만 쇼펜하우어에게 어머니는 이미 비난받아 마땅한 대상이 되어 있었다. 쇼펜하우어는 인생 내내 어머니와 갈등을 빚었고, 어머니 역시 인생을 부정적으로 보며 자신의 지인들과 갈등을 일으키는 쇼펜하우어를 매우 싫어했다. 심지어는 쇼펜하우어를 자기 집에 찾아온 손님으로 취급하기도 했다. 쇼펜하우어는 세상에 혼자서 내던져져 있다는 느낌을 받았으며 평생 외로움에 시달려야 했다.

아버지의 사후 어머니는 괴테, 그림 형제 등 유명한 작가들이 모여 있던 바이마르로 이사했고, 그녀의 책은 베스트셀러가 된다. 그녀가 지은 시는 슈베르트의 곡에 가사로 쓰이기까지 했다. 어느새 어머니의 집은 살롱과 같이 작가들의 사교 중심지가 되었다. 쇼펜하우어 역시 덕분에 당대의 유명한 지적인 인물들과 교류할 수 있었다. 그는 괴테와 많은 대화를 나누었으며, 특히 동양학의 권위자인 프리드리히 마이어를 통해서 쇼펜하우어의 학문적 토대를 쌓을 수 있었다.

쇼펜하우어는 자신의 철학이 인도철학과 불교의 영향을 매우 많이 받았음을 인정했다. '삶은 고통이고, 이 고통을 없애는 것만이 진정한 평온으로 가는 길이다'라는 생각은 불교철학과 그 맥을 같이한다.

한편 쇼펜하우어는 괴팍한 성격으로도 유명하며 이와 관련한 일화도 전해지고 있다. 소음에 민감했던 쇼펜하우어는 자신의 방 앞에서 수다를 떨던 한 여자를 매우 싫어했는데, 어느 날 그 여자가 다른 사람들과 이야기하는 모습을 보고는 화가 나서 그녀를 방에서 강제로 끌어내려고 했고 그 과정에서 상처를 입히고 만다. 법원은 쇼펜하우어에게 그녀가 죽을 때까지 보상금을 분기마다 지급해야 한다는 판결을 했고, 20년 뒤 그녀가 죽음에 이르렀을 때가 되어서야 "인생의 골칫덩어리가 사라졌다"는 말을 남겼다고 한다.

어느 쇼펜하우어의 지인은 그를 이렇게 묘사하기도 했다.

그는 탁자 앞에 다리를 꼬고 앉아서, 신랄한 조롱을 퍼부으면서 분위기를 망치곤 했다. 괴테와 셰익스피어의 글 중 난잡한 내용들을 골라서 사람들의 면전에 쏘아 대었다. 그걸 당한 사람들은 그저 패배에 패배를 거듭했다. 모두들 그를 두려워했다. 그래서 누구도 당한 것에 대해서 복수하려는 엄두도 내지 못했다.

심지어 쇼펜하우어의 괴팍한 성미 때문인지, 그가 자신이 기르던 개 이름을 독일의 철학자인 헤겔이라 지었다는 이야기까지 전해지고 있다. (다만 이는 사실관계가 명확히 드러나지 않은 소문으로, 어떠한 문서나 기록에서도 찾아볼 수 없다.)

쇼펜하우어는 불과 31세에 『의지와 표상으로서의 세계Die Welt als Wille und Vorstellung』를 출간한다. 이 책에서 그는 '사는 것이 어째서 고통이며 왜 우리가 고통을 받고 있는지, 어떻게 하면 고통에서 벗어날 수 있는지'를 설명하려고 했다. 쇼펜하우어는 이 책을 썼다는 데에 대한 자부심이 컸다. 쇼펜하우어는 『의지와 표상으로서의 세계』가 몹시 독창적인 사상을 담고 있으며, 명료하고 이해하기 쉽고 매우 아름답게 쓰인 책이라고 스스로 평가하기도 했다. 하지만 『의지와 표상으로서의 세계』는 출판한 지 16년이 넘는 세월 동안 주목을 받지 못했고 쇼펜하우어는 크게 상심했다.

쇼펜하우어가 비로소 이름을 알린 것은 그의 나이가 63세에 이르러서다. 1851년 쇼펜하우어는 삶에 대한 그의 생각을 집대성한 『인생론Parerga und Paralipomena』을 출간한다. 『인생론』은 철학에 대한 지식이 없는 사람들도 쉽게 접할 수 있게 쓰인 책으로, 인생의 의의를 설명함과 동시에 사람들이 추구하는 행복은 과연 어디에 있는가, 참된 행복이란 무엇인가에 대하여 이야기하고 있다.

영국의 신문인 〈웨스트민스터 리뷰The Westminster Review〉는 『인생론』을 극찬하며 쇼펜하우어에게 '세계적인 천재'라는 찬사를 건넸고, 그로 인해 그와 그의 책은 사람들의 주목을 받게 된다. 자연스레 그의 전작 『의지와 표상으로서의 세계』도 큰 주목을 받게 되었고 오늘날 쇼펜하우어는 세기의 철학자로 이름을 남기게 된다. 그렇게 늦게나마 유명인의 삶을 살게 된 쇼펜하우어는 1860년 72세의 나이로 급성 폐렴 증상을 겪으며 죽음을 맞이한다.

쇼펜하우어의 철학은 많은 철학자, 심리학자, 문학자들에게 영감을 주었다. 톨스토이는 쇼펜하우어를 위대한 천재라고 평가했으며, 니체는 쇼펜하우어의 철학을 발전시켜 자신만의 학문적 토대를 쌓았다.

홀로 꿋꿋하게 삶을 살았던, 쇼펜하우어는 온전하게 자기 자신이 되는 최고의 방법은 '고독'이라고 말한다. 고독 속에서 참된 자아를 알게 되기 때문이다.

고독이 참된 행복과 마음의 안정을 가져온다는 사실을 깨닫고, 고독을 사랑하며, 고독을 감당하는 방법을 배우는 것은 매우 중요하다.

－ 쇼펜하우어 『삶의 예지』

'고독'이라는 단어는 언뜻 부정적인 의미로 느껴진다. 하지만 혼자 있는 상태가 곧 홀로 쓸쓸하게 살아간다는 것을 의미하는 것은 아니다. 소란스러운 세상에서 한걸음 떨어질 때 우리는 고독을 느낀다. 이처럼 쇼펜하우어가 말하는 고독은 스스로 선택해서 혼자가 되는 상태에 가깝다.

혼자 낚시를 가거나, 나만의 공간에서 사색하고 글을 쓰기도 한다. 훌쩍 여행을 떠나는 등 고독을 선택하여 스스로 내면을 관찰하고 자신에 대한 이해를 높인다. 이러한 고독에는 외로움이 존재하지 않는다. 고독 속에서 우리는 더 자유를 느끼고 풍족해진다.

쇼펜하우어는 사람들과 관계를 형성하는 사교 모임보다 고독한 시간이 매우 중요하다고 강조하며 사교 모임의 위험성을 경고하기도 했다. 사람들이 모여 생겨난 집단은 개인에게 타협과 양보를 강요한다. 그 결과 사람이 많이 모일수록 집단은 무미건조해지고 각자의 개성은 어딘가로 사라지고 만다.

집단이 될수록 그 속에서 서로 비교하고 질투하는 것은 인간이 지닌 속성 중 하나다. 사교 모임에 참여한 뛰어난 사람은 다수에게 시기와 증오의 대상이 된다. 그 속에서 개인은 점차 특출난 능력을 숨기며 진솔한 목소리를 삼켜버리고 만다.

쇼펜하우어는 반대로 정신적으로 빈곤한 사람일수록 사교모임에 더 집착하기 쉽다고 설명한다. 공허한 자기 내면과 만나는 것보다 사람들을 찾는 것이 나아 보이기 때문이다. 그들은 자기 자신이되는 것에서 만족하지 못하기 때문에 다른 사람으로부터 정신적인 위안을 갈구하고, 그럴수록 참된 자아보다 사회적 자아가 더 커져 삶이 불안해지는 악순환이 계속된다. 그래서 사람들과 관계를 지나치게 많이 형성한 사람은 때때로 자기 자신으로 사는 게 더 힘들어지고 자유를 제한당하게 된다.

쇼펜하우어는 이를 '모닥불'에 비유하기도 했다. 지혜로운 사람은 모닥불에서 어느 정도 떨어져서 불을 쮠다. 몸을 따듯하고 기분 좋게 만드는 거리를 유지하는 것이다. 반면 어리석은 사람은 모닥불에 지나치게 다가가다가 심하게 데인 뒤, 급히 물러나서는 추위 속에서 모닥불이 위험하다는 말만 되풀이한다.

이처럼 사람들과 적정한 거리를 유지하는 고독은 삶을 더 안정적이고 평온하게 만든다. 반면 사람들과 너무 얽히고설켜 자기 자신의 거리를 잃으면 커다란 고통만이 남게 된다.

우정이나 연애, 결혼은 우리 삶에서 소중하다. 하지만 반드시 자기 자신보다 소중하다고는 할 수 없다. 반드시 행복해야 하는 것은 '나 자신'이다. 내가 먼저 행복해야 한다. 그때 고독은 자신을 행복하게 하는 가장 중요한 수단이 된다.

쇼펜하우어가 말했듯이 삶은 고통 그 자체일지도 모른다. 겉으로는 아무리 행복해 보이는 사람일지라도 그의 머릿속은 현재의 자산이나 노후에 대한 걱정, 자식이나 배우자에 대한 상처들, 삶에서 일어나는 온갖 불행한 사건들로 점철되어 있다. 예외는 없다. 하지만 이 모두는 내가 삶을 어떻게 바라보는가에 따라서 달라질 수 있다. 아픔 뒤에 오는 성장이 내 삶을 더욱 성숙하게 만들지는 아무도 모르는 일이다.

결국 나 자신이 참된 자아로서 살아가야 한다. 자기 자신으로서 온전히 살기 위해, 무리로부터 한걸음 떨어져서 내가 누구이고 어떤 사람인지에 모닥불 앞에서 가만히 생각해 보는 시간이 필요하다. 그렇게 온전한 나로서 시간을 계속해서 살아간다면, 삶은 나에게 '참된 자아'라는 온기를 선물해 줄 것이다.

1.3

오직 자기 자신을 신뢰할 뿐

_ 랄프 왈도 에머슨

당신 자신의 생각을 믿는 것, 은밀한 마음속에서 당신이 진실

이라고 생각하는 것이 모든 사람에게도 그대로 진실이 된다고

믿는 것, 이것이 천재의 행동이다.

– 랄프 왈도 에머슨

삶을 살아가다 보면 인생에서 중요한 선택을 위해 고민하는 시

간이 찾아온다. 대학교에 가서 공부하거나 다른 길을 모색할 것인

지, 대학교에 가서는 어떤 전공을 선택하는 게 좋을지, 졸업 후에

는 어느 분야로 취업할지를 고민한다.

직장을 다니고 있다면 언제까지 내가 회사 생활을 해야 할지를

고민한다. 직장인이라면 지금 당장 퇴사해야 할지, 아니면 다닐 수

있는 만큼 다닌 후에 회사를 관두어야 할지 고민한다. 온라인 사업이나 유튜버같이 선택의 폭이 다양해진 요즘에는 내가 무엇을 선택해야 할지 더욱 고민하게 된다. 만약 돈이 많이 모여있다면 이 돈을 어떻게 투자할지도 고민거리가 된다. 동시에 인간관계를 어떻게 유지할지도 중요한 인생의 문제로 남는다.

이처럼 삶은 계속해서 나에게 숙제를 던지고, 나는 이에 대한 답을 평생 찾아야 한다.

인생의 두 가지 정답

시인이자 사상가인 랄프 왈도 에머슨Ralph Waldo Emerson은 삶의 답을 찾고자 하는 우리에게 조언한다. '답은 자기 자신에게서 찾아야 한다고, 그러니 자기 자신을 믿으라고, 모든 사람의 가슴은 이 말에 따라 반응해야 한다'고 말이다.

대한민국에서 오늘을 살아가는 우리에게는 사실 잘 정리된 인생의 정답이 정해져 있다. 고등학교 때는 열심히 공부해서 명문 대학이나 의대에 가는 길이 정답이다. 대기업 취업에 성공하는 일 역시 대표적인 정답 중 하나다. 회사에서 주는 다양한 복지와 높은 수준의 연봉들이 정답이라고 사회가 말해주기 때문이다. 배우자가 안정된 직업과 함께 일정 수준의 자산을 보유했으며, 수도권에 집도 한 채 갖고 있으면 더할 나위가 없다. 이러한 삶을 사는 데 성공한 '누군가'에게 사회는 삶 전체가 다 정답이라고 말해준다.

지금도 대한민국의 수많은 이들이 사회에서 제시한 정답지를 따라가기 위해 열심히 살아가고 있다. 혹여 길을 따라가는 도중 어떤 고민이나 생각에 빠지는 건 쓸데없는 행위로 간주한다. 사회를 통해 제시된 정답이 너무나도 선명하기 때문이다.

물론 제시된 길을 따라가는 도중 누구나 가슴 속에서 올라오는 '어떤' 느낌을 받고는 한다. 정답지 외에 다른 것을 하고 싶은 마음이다. 다만 그 행위를 조금 먼 미래로 미루어 놓을 뿐이다. '은퇴하고 나서 해야지', '나중에 퇴사하고 해야지', '아이가 더 크면 해야지'…. 이렇게 지금 내 안에서 올라오는 목소리를 잔뜩 누르면서 오늘을 살아간다.

에머슨은 "사람들은 내면에서 흘러나오는 생각들을 주목하지 않고 그냥 무시해 버린다"라고 말했다. 그렇게 대부분은 내 안에서 흘러오는 생각들을 무시한 채, 자꾸 밖에서 답을 찾으려고 한다. 사회에서 제시해 주는 정답지를 따라가려고 하고, 사회가 공인한 전문가들이 제시하는 지식을 아무 고민 없이 받아들인다. 그들이 만들어 낸 영상과 강연은 꼬리에 꼬리를 물고 이어져 하나의 유행이 되고, 우리는 이것을 마치 삶의 정답인 것처럼 맹목적으로 따르게 된다.

어느새 우리는 유행을 따르는 팔로워가 되어 그들의 뒤를 쫓게 된다. 이게 진짜 나와 맞는 것인지, 내가 따라야 하는 방법인지에 대한 고찰 없이 거대한 유행에 휩쓸리고 만다. 누군가의 생각에 속절없이 끌려다니며 내 인생을 다른 곳에 맡기는 이유는 '자기 확신'이 부족하기 때문이다. 우리는 자신을 믿지 않기에 외부에서 좋아 보이는 것들에게 쉽게 유혹당하게 된다.

그래서 랄프 왈도 에머슨은 자기를 믿고 신뢰하라고 말한다. 그는 내가 생각하는 진실이 단순히 내가 맞다고 믿는 것을 넘어서, 다른 사람에게도 그대로 진실이 된다고 믿는 것이 바로 천재들이라고 말한다.

모세, 플라톤, 밀턴이 남긴 가장 뛰어난 업적은 무엇인가? 그것은 이들이 책과 전통을 무시했고, 남들의 말을 모방하지 않고 자기 스스로 생각하는 바를 말했다는 데 있다.

– 랄프 왈도 에머슨

에머슨이 말하는 천재 또는 천재성이란 '자기 생각을 전적으로 믿는 것'을 의미한다. 그는 역사적으로 자기 생각을 전적으로 믿음으로써 위대한 업적을 이룬 사상가들을 예로 들며, 남을 부러워하는 감정은 무지에서 나오며 모방은 자살 행위나 다름없다고 주장했다.

위대한 사상가들은 모두가 옳다고 여겼던 생각들을 뒤집었고, 그러한 자신의 주장이 옳다고 전적으로 믿었으며, 끝내 그 뜻을 관철했다. 찰스 다윈의 진화론이 그랬고, 갈릴레이 갈릴레오의 지동설이 그랬으며, 아인슈타인의 상대성 이론들이 그러했다. 천재들은 당시에는 모두가 진리라고 믿어 의심치 않는 생각들을 뒤집었다. 그들은 자기 눈으로 세상을 관찰하고, 스스로 생각했으며, 자신이 도출해 낸 결론을 그 누구보다 신뢰했다.

내 생각이 좋고 나쁘고의 문제는 아니다. 그보다 중요한 것은 내가 나 자신을 온전히 신뢰하는가 그렇지 않은가이다. 내 생각이 옳고 그름이란 사실 믿음의 영역에 가깝다. 다만 직위나 전문 지식, 업적에 휘둘리지 않고 나라는 존재를 온전히 신뢰하면서 나만의 철학을 세우는 것이 중요할 뿐이다.

수많은 이들이 이 사상의 영향을 받았다. 오늘날 랄프 왈도 에머슨의 철학은 '미국의 가장 중요한 정신'으로 높게 평가되고 있으며, 링컨은 그를 '미국의 아들'이라고 칭송하기도 했다. 버락 오바

마는 에머슨의 저서 『자기 신뢰』를 즐겨 읽는다고 고백했다. 철학자인 프리드리히 니체는 여행길에 항상 에머슨의 책을 가지고 다녔고 『자기 신뢰』를 읽으며 『차라투스트라는 이렇게 말했다』를 구상했다. 마이클 잭슨 또한 작곡할 때 에머슨의 사상으로부터 영감을 받고는 했다.

자기 자신을 믿고 의지하면서 세상에서 당연하다고 생각했던 생각들에 의문을 제기하는 그의 사상은 미국을 강력한 국가를 만드는 기둥이 되었다. 지금도 미국에서는 에머슨의 정신에 따라 사람들이 옳다고 생각했던 것들에 끝없이 의문을 제기하면서 수많은 혁신이 일어나고 있다. 그 혁신은 많은 창업자를 배출하게 했고, 곧바로 세계 최고 기업들을 다수 배출하는 원동력이 되었다.

이렇게 미국이라는 나라에 중요한 철학적 토대를 마련한 랄프 왈도 에머슨의 삶도 자신이 하는 자기 자신에 대한 믿음을 그대로 실천했다. 그는 목사였다. 하지만 기존 교회에서 요구하는 오래된 교리, 에머슨이 생각하기에 불합리한 교리들에 반발했고 목사직을 그만둔 뒤 온전히 자신만의 길을 걸어 나갔다.

자기를 신뢰하자.

나 자신을 자기 자신 이외의 곳에서 찾지 말자.

더 이상 세상에 지나치게 순응하지 말자

사회, 종교, 타인 등 사회는 자기 신뢰를 혐오한다.

순응이라는 중독에서 벗어나기

온전한 어른이 되려는 사람은 누구든지 순응을 거부할 줄 알
아야 한다.

— 랄프 왈도 에머슨

순응주의는 에머슨이 주로 비판하는 대상이었다. 사회라는 틀
안에서 생활하려면 꼭 필요한 행동이 있다. 바로 순응이다.

우리가 혼자 있을 때는 두려움 없이 솔직함으로 자기 의견을
말할 수 있다. 하지만 그 목소리는 세상에 들어가면서 희미해지
다가, 마침내 들리지 않게 된다.

— 랄프 왈도 에머슨

회사에 입사하면 누구라도 지켜야 하는 암묵적인 규칙들이 존
재한다. 예를 들어 회식 자리에 가면 나이가 제일 어린 막내 사원

인생의 중심은 자기 자신이다

이 고기를 굽는다. 점심 식사는 팀장님을 모시고 팀원들이 같이 먹는다. 식사 후 커피 한 잔도 하고 산책도 같이하자고 하면 이에 따라야 한다. 상사가 제시하는 무리한 업무 일정에 웬만하면 맞춰야 한다. 필요하다면 보상 없는 야근도 불사해야 한다.

이렇게 회사에는 잘 짜여 놓은 규칙들이 있다. 회사라는 조직의 목표 아래에서 개개인의 생각은 존중되기 힘들다. 직원인 이상 시키는 일을 잘해야 하고, 회사가 제시하는 가이드 라인을 잘 따라야 회사로서는 안심이 된다. 회사는 모든 구성원이 순응하기를 바란다. 마찬가지로 다른 사회 속에서도 알게 모르게 순응하기를 원한다.

사람들이 순응하는 이유는 무엇일까? 그 이유는 사회로부터 버려질 것이라는 '두려움' 때문이다. 내 생각을 있는 그대로 내비쳤을 때, 다른 사람들로부터 비난받거나 비판받고, 그 결과 버림받을 것을 두려워한다. 그래서 순응한다. 적어도 남들이 하는 대로 하면 비난은 면할 수 있기 때문이다.

랄프 왈도 에머슨은 순응하는 행위를 '눈먼 사람의 허세'라는 강한 표현까지 써서 비판했다. 순응하는 자는 굳이 깊이 생각할 필요가 없다. 그저 미디어에 나오는 전문가들이나 직장 상사가 '이게 맞아', '이렇게 행동해'라고 말할 때 그대로 따라 하면 될 뿐이다. 혹은 다수의 사람이 제안하는 방법들을 아무 고민 없이 받아들여도 된다.

자기 자신의 고유한 생각 없이 순응하는 행위는 마치 눈이 먼 사람처럼 사는 것과 같다. 스스로 생각할 필요가 없기에 손수건으로 자기 눈을 가리고 그저 남들이 이끄는 대로 살아가는 것에 불과하다.

그래서 결국 순응하는 사람들의 말과 생각에는 진실이 사라지게 된다. 아무리 아름답고 옳은 말이더라도 자기 생각이 담겨있지 않기 때문이다. 결론적으로 랄프 왈도 에머슨은 사람들이 순응만 한다면 그 사람이 진정 어떤 사람인지 알 길이 없다고 생각했다. 순응에 중독된 사람은 본인이 네모 모양임에도 동그라미인 단체와 회사에 맞추기 위해 어떻게든 스스로 동그라미로 바뀌어 세상에 맞추곤 한다. 그리고 어느새 자신의 원래 모양을 잊고 동그라미인 양 살아간다. 에머슨은 이렇게 순응만 하는 사람은 본래 어떤 생각을 하고 있었는지, 또 무엇을 위해서 살아가는지를 도저히 알 길이 없다고 비판한 것이다.

매우 불합리한 상황에서 나의 진짜 표정과 생각 그리고 감정은 무엇일까? 회사와 사회에서 요구하는 나의 역할을 제외하고, 내가 진정으로 원하는 건 무엇일까? 랄프 왈도 에머슨은 자기 자신한테 솔직해지려고 노력하라고 말한다. 그러면서 자신의 인생은 자신을 위한 것이지 남에게 보여주기 위함이 아니라는 말을 건넨다.

이미 오래되어 죽어버린 관습들에는 특히 더 순응하지 말라. 당신의 잠재력을 흩어버리려 들 것이다.

그렇다면 에머슨의 삶은 과연 어땠을까? 그의 일생 역시 스스로 강조한 '자기 신뢰'와 일치했다. 랄프 왈도 에머슨은 1803년 미국 보스턴에서 목사의 아들로 태어났다. 그는 목사 집안에서 태어나 어려서부터 엄격하고 신앙심 가득한 분위기에서 자랐다. 그러나 에머슨이 8세가 됐을 때 아버지가 위암으로 죽으면서, 그는 작가인 고모인 메리 무디 에머슨으로부터 교육을 받게 되었다. 그녀는 낭만주의 문학과 셰익스피어 그리고 자연에 대해 가르쳐주었다. 이때의 교육은 에머슨에게 큰 영향을 주었다. 에머슨은 고모를 가리켜 '최초이며 최고인 교사'라고 평가하기도 했다. 실제로 고모가 약 50년 동안 저술한 수천 통의 편지와 일기장은 에머슨이 가장 소중히 여기는 책이기도 했다.

이후 에머슨은 1817년에 하버드 대학교를 입학하고, 졸업 후

교사로 일하다가 신학대학원에 진학했고, 신학대학원을 마치고 1829년 26세의 나이가 되자 아버지가 근무했던 보스턴의 한 교회에서 목사로 일하기 시작했다. 한편 에머슨은 1827년에 만난 루이자 터커와 1829년 결혼했으나 건강이 좋지 못했던 그의 아내는 1831년 19세라는 젊은 나이에 결국 결핵으로 사망했다. 그녀의 죽음 또한 그의 삶에 많은 영향을 미쳤다.

에머슨은 목사 시절 그 당시 교회에서 추구하는 형식적이고 케케묵은 관습을 별로 좋아하지 않았다. 결국 1832년 기존의 예배형식을 따를 수 없다고 선언하며 목사직을 사임했다. 에머슨은 목회자의 삶에서 느낀 실망감, 그리고 아내의 사망과 건강 악화를 계기로 유럽에 여행을 떠나게 된다.

에머슨은 프랑스 파리를 여행하면서 자연의 아름다움을 경험한 뒤 '자연은 우리 인간의 안에 있으며 인간의 부분이다'라는 사실을 깨닫는다. 게다가 에머슨은 콜리지나 워즈워스 같은 유럽의 낭만파 시인들을 만나며, 위대하다고 생각했던 그들이 사실은 평범하고 의외로 보수적인 이들임을 깨닫는다. 어느새 에머슨의 마음속에는 '이토록 유명한 시인들조차 평범하다면, 평범한 사람 역시 위대한 사람이 될 수 있지 않을까'라는 생각이 자리 잡게 되었다. 그렇게 에머슨은 '인간과 자연은 하나이며, 모든 이들 각자가 특별하고 중요하다'라는 견해를 갖게 되었다.

여행을 마친 뒤 다시 미국으로 돌아온 에머슨은 미국 동부지역의 뉴햄프셔주 콩코드로 이사했고, 그곳에서 리디언 잭슨과 재혼했다. 그리고 47년 동안 '콩코드의 현자'로 칭송받으면서 미국과 해외에서 큰 존경을 받으면서 살았다.

에머슨은 진정 자기 자신이 옳다고 믿는 대로 행동했다. 1838년에는 하버드 신학 대학 졸업반을 대상으로, 기존 교단의 형식적이고 영감 없는 설교에 대한 비판을 강연하기까지 한다. 당연히 이러한 파격적인 행보는 기존 목사들에게 엄청난 반발을 불러일으켰고, 그는 이단으로 낙인찍히기까지 했다.

그는 정치적인 활동은 싫어했지만, 노예제도에 대한 반대 뜻을 확실히 밝혔다. 자신이 존경하던 정치가 대니얼 웹스터와 함께 노예제도를 맹렬히 비판하거나, 노예해방주의자인 존 브라운을 지지하는 연설을 하기도 했다. 심지어 노예제도의 급격한 폐지에 미온적이었던 링컨에게 날 선 비판을 가하기도 했다.

남북전쟁이 터졌을 때 에머슨은 자신이 노예제도는 폐지되어야 한다는 뜻을 분명히 하기도 했다.

이렇게 자신이 맞다고 생각한 것들에 대해서 에머슨은 거침없이 표현했다. 그러면서 온화한 성품으로 주변 사람들에게 호감을 주는 사람이었다. 그리고 무엇보다 삶에 대해서 낙관적인 입장이었다. 프리드리히 니체는 에머슨을 두고 "그는 매우 행복한 사람이다. 그는 언제나 삶에 감사하고, 늘 고마워야 하는 이유를 발견해낸다"라고 평가했다.

랄프 왈도 에머슨은 40년 동안 1,500여 회의 강연을 했으며, 청중들이 자기 말을 통해서 삶의 활력을 얻기를 바랐다. 실제로 그의 강연을 들은 사람들은 인간이 각자가 밝은 빛을 갖고 있다는 에머슨의 생각이 강연에서 가득 드러났다고 평가했다. 어떤 이는 강연 내용을 잘 이해하지 못함에도 불구하고 에머슨을 보고 싶어서 강연회에 참석한다고 말하기도 했다.

에머슨은 타인에게 호감을 주는 사람이었지만 의외로 수줍음을 많이 타는 인물이기도 했다. 카리스마로 대중을 휘어잡는 성향과는 거리가 멀었으며 혼자 있을 때를 가장 편안하다고 느끼는 면모도 지니고 있었다. 그러면서도 그는 사람들이 자신에게 주는 관심이나 도움에 항상 감사함을 전하는 인물이었다.

에머슨은 평온한 노년을 보내다가 1882년 79세 나이로 세상을 떠났다. 그는 미국의 시인 로버트 프로스트가 조지 워싱턴, 링컨과 함께 가장 위대한 미국인으로 꼽은 인물이었으며, 평생 수많은 미국인에게 자기 힘으로 스스로 서는 인생을 가르친 위대한 스승으로 기억되고 있다.

'망가진 신'의 부활을 위하여

자기 신뢰를 스승으로 삼는 사람이라면, 내면에 신과 같은 것
이 있어야 한다.

우리 자신은 내가 갖고 있는 무한한 가능성을 깨닫지 못한다.

주위를 둘러보면 훌륭해 보이는 사람들을 쉽게 찾아볼 수 있다.
상상을 초월하는 방법으로 부자가 된 사람도 있고, 큰 역경을 딛고
일어나서 성공한 사람도 있다. 사람들에게 많은 영향을 주는 글을
쓰는 작가도, 자신의 뛰어난 재능을 잘 살린 콘텐츠로 수백만 구
독자를 보유한 유튜버도 있다. 진심으로 존경할 수 있는 인물들
이 많다.

그리고 그들은 모두 나와 같은 인간이다. 내가 훌륭하다고 여기
는 이들의 시작점을 한번 찾아보라. 그들 중 몇몇은 지금의 나보다
훨씬 안 좋은 상황에서, 심지어 나보다 재능이 더 없었을 수도 있
다. 결국 그들도 나와 다를 바 없는 똑같은 인간이다.

위대해 보이는 사람들과 나는 과연 얼마나 다를까? 생명과학에

서는 개인 간 유전자 차이는 0.3%에 불과하다고 설명한다. 즉 다른 사람과 나는 99.7%가 똑같고, 0.3%만 다르다. 그래서 내가 훌륭하다고 하는 사람들과 마찬가지로, 나 자신 역시 위대한 가능성을 충분히 갖고 있다.

랄프 왈도 에머슨은 '자기 신뢰를 하는 사람이라면 내면에 신과 같은 것이 있어야 한다'고 주장했다. 그의 말대로라면 신은 이미 우리 내부에 깃들여 있으며, 단지 우리가 그것을 잊고 있을 뿐이다.

에머슨은 '나라는 사람은 망가진 신A man is god in ruins'이라고 인간을 설명했다. 그러면서 인간이 해야 할 일은 자기 신뢰를 통해서 자신의 위대함을 회복하는 것임을 강조했다.

각 개인에게는 음유시인이나 현자들에게서 나오는 하늘을 가로지르는 불빛보다 자기 마음속에서 샘솟는 한 줄기 빛이 더 중요하다. 하지만 사람들은 그것이 자기에게서 나왔다는 이유만으로 그 생각을 별로 주목하지 않고 그냥 무시해 버린다.

자기 신뢰가 부족한 사람은 아무리 좋은 기회가 찾아와도 '내가 어떻게 할 수 있겠어?', '나는 못 할 것 같아', '나는 부족해'와 같이 생각하며 기회를 걷어차곤 한다. 내 안에 간절히 바라고 원하는 것들이 있음에도 불구하고, 이내 무시해 버리는 것이다.

에머슨은 모든 사람의 마음속 깊은 곳에서 번쩍거리며 지나가는 빛줄기를 발견하고 관찰하는 법을 배워야 한다고 말했다. 중요한 건 일단 자기 자신에 대한 믿음이다. 나 자신을 믿기 위해서 내 마음속을 끊임없이 들여다보아야 한다. 자기 신뢰를 통해 적극적으로 삶을 살아본다. 무엇이든 직접 해보고 경험해 봐야 비로소 자기 능력을 알게 되는 법이다.

인생에서 자신에게 얼마나 많은 기회를 주었는지 기억하는가? 한번 떠올려 보자. 자신감이 부족해서 지레 포기하거나 시도할 생각조차 하지 못했던 순간들을 떠올려 본다. 열심히 무언가를 배워서 삶에 적용할 수 있는 순간이 왔음에도 불구하고, 여전히 부족하다고 변명하며 기회를 포기했던 순간들을 생각해 본다.

내가 나를 얼마나 신뢰하고 믿는가는 결국 내가 하는 선택과 행동들로 드러나게 되는 법이다. 나 자신을 믿는다면, 그리고 내가 관찰하고 발견한 내 모습이 옳다는 생각이 든다면 지금 바로 행동에 옮겨야 한다. 그것이 진정 자기 자신을 신뢰하고 믿는 길이다. 나 자신이 무언가를 배울 기회를 가로막지 말자. 실패하더라도 괜찮다. 모든 건 다 위대함으로 가는 여정일 뿐이다.

우리는 혼자서 가야 한다…. 당신의 고독은 기계적인 것이 되어서는 안 되고, 그보다는 정신적인 것, 마음을 드높이는 것이 되어야 한다…. 때때로 온 세상이 당신을 괴롭히려고 작정한 것처럼 보인다. 그러나 당신의 고독한 상태를 유지하라. 그들의 혼란 속으로 뛰어들지 마라.

또한 에머슨은 고독의 힘에 대해서 말하기도 했다. 사실 현대 사회에서 고독해진다는 건 그리 쉽지 않은 일이다. 단순히 사람들에게서 멀어지는 것뿐만이 아니라 내면에 집중하지 못하도록 방해하는 것으로부터 거리를 두어야 하기 때문이다.

지금 내 주변을 둘러보자. 내가 나 자신이 되지 못하게 방해하는 것들로 가득하다. 수많은 경로를 통해 찾아온 자극적인 콘텐츠들이 우리를 유혹한다. SNS 속 사람들의 무수한 자랑거리를 구경하면서 우리는 스스로 혼란의 세계로 집어넣곤 한다.

고독이란 자신에게 집중하는 시간이다. 타인으로부터 방해받지 않는 것은 물론, 나의 내면에 집중하지 못하게 만드는 모든 요소로부터 나를 분리해야 한다. 내가 진짜 원하는 게 무엇인지 가만히 들여다본다. 나의 현재 생각과 행동들이 누군가에게 잘 보이기 위해서 하는 것인지, 아니면 내면으로부터 나오는 것들인지를 잘 구분해야 한다.

자기 신뢰를 향하는 여정은 고독할 수 있다. 그러나 온전히 나 자신에게 솔직해지는 시간은 누구에게나 필요하다. 자신으로부터 우러나온 생각을 온전히 신뢰하고, 내 삶을 내 가슴이 시키는 대로 한번 밀고 나가보자.

동서양 철학자들의 지혜를 온전히 담아낸
홀로서기 철학을 만나다

Chapter 2
나에게 주어진
삶의 의미에 대하여

2.1
죽지 않고 살아야 할 이유

_ 카뮈

반항하는 인간이란 인생이 무의미하게 느껴지지만 그럼에도 살아내는 것. 그리고 그 안에서 자유를 만끽하면서 살아가는 것이다.

– 카뮈

매일 똑같이 반복되는 하루를 보내다가 이 무의미하고 지겨운 삶을 계속 살아가야 하는지 생각해 본 적이 있는가? 아침에 눈을 뜨고 밥을 먹고 출근하고 지쳐 돌아오는 반복적인 삶을 왜 살아가야 하는가, 정말 나는 죽지 못해 사는 것인가⋯. 반복적인 삶에 힘든 일까지 더해지면 누구라도 삶의 무기력함을 느끼게 된다. '왜 살아야 되는가'라는 질문에 단순히 죽지 못해 산다고 대답하고 싶어진다.

　무기력감은 이내 허무와 공허함으로 이어진다. 언제 죽을지 모르는 인생, 왜 하나라도 손해 보지 않으려 아등바등 살고 있는가, 살기 위해 돈을 버는 건지, 벌기 위해 사는 건지, 일의 의미도 필요도 느끼지 못하는 무관심하고 무의미한 상태가 되는 것이다. 연봉이 오르거나 승진하더라도 과거처럼 마냥 기뻐하지 못한다. 차라리 사표를 쓰고 새로운 인생을 찾아볼지 고민하면서도 어느새 월급날이 얼마나 남았는지 달력을 넘겨본다.

이방인이란 누구인가

　이러한 우리의 모습은 철학자 알베르 카뮈Albert Camus의 소설 『이방인』의 주인공 뫼르소와 닮아있다. 소설 속 뫼르소의 캐릭터는 다소 극단적으로 표현되어 있어서 그가 느끼는 무관심과 무의미, 무가치한 태도들은 언뜻 보면 현실감과는 동떨어져 낯설 수 있다. 하지만 세상의 기준에 맞추기 위해 몸부림치며 살다가 나이가 들수록 느껴지는 쓸쓸함과 공허해지는 내 모습은, 뫼르소와 크게 다르지 않을지도 모른다.

　『이방인』의 첫대목은 어머님이 돌아가신 비통한 장면으로 시작된다. 어머니가 정확하게 언제 돌아가셨는지도 모르겠다는 뫼르소는 무관심한 태도로 일관하며, 아들로서 어떠한 슬픔이나 비통도 전혀 드러내지 않는다. 모자 관계가 틀어졌거나 나름의 사연이 있으리라는 독자들의 예상은 빗나간다.

그는 직장 상사가 파리에 갈 기회를 제안할 때도, 여자 친구인 마리가 결혼 의사를 물어볼 때도, 이웃에 사는 레몽이 자신과 친구가 되면 어떻겠냐고 물어볼 때도 큰 관심을 보이지 않는다. 파리에 가도, 여자 친구와 결혼해도, 이웃과 친구가 되더라도 결과적으로 자신과는 상관없다고 생각한다.

이후 뫼르소는 의도하지 않게 아랍인을 살인하게 되어 구치소에 수용되지만, 자신을 도와주려는 변호사와 재판관에게조차 귀찮다는 말을 되풀이한다. 이 시대에 살았다면 곧바로 정신감정이 필요할 듯한 그의 태도는 결국 주변 그 누구에게도 이해받지 못한다.

뫼르소의 행적을 보면 마치 세상과 단절되어 있다는 느낌을 받는다. 나와 세상, 나와 나 자신, 나와 가족, 그리고 나와 연인 등, 마치 이 세상 전부와 동떨어져 있는 것 같다. 이처럼 뫼르소에게 자기 자신을 포함한 세상은 너무나도 낯설고 어색한 곳이었다.

뫼르소만큼은 아닐지라도 우리도 삶의 어느 지점에서 관심 있던 것들로부터 무가치함을 느끼는 권태로움을 경험한다. 삶이 지루해지고 지독한 무기력에 시달리기도 한다. 마치 영혼이 빠져나간 기계처럼 반복적으로 일하고, 사람을 만나며, 먹고 자고 생활하는 삶을 살아가며 허망함에 허우적대는 것이다.

뫼르소는 무슨 이유로 세상에 무관심하게 되었을까? 사실 뫼르소는 학생 때 다양한 소망을 지녔음에도 학업을 포기할 수밖에 없었다. 그리고 그 모든 것이 중요하지 않다고 자조 섞인 고백을 한다. 그 고백의 이면에는 무언가를 원하여 갈망하고 욕망했지만 이를 이루지 못한 상실감이 담겨있다.

우리는 살면서 무언가를 이루고자 열심히 노력하지만, 원하는 바를 다 이루지 못할 때 좌절하곤 한다. 부를 축적해서 경제적 자유를 이루고 싶지만 그렇게 되지 못하고, 회사를 계속 다녀야만 하는 현실에 고통을 느낀다. 남들만큼만이라도 결혼생활을 이어가고 싶었음에도 이혼뿐인 선택지에 좌절하기도 하고, 누구보다 자식들의 성공을 원했음에도 내 뜻대로 되지 않는 현실에 허망함을 겪는다. 이러한 고통과 아픔을 피하고 벗어나고자 할 때 우리에게는 지독한 무기력과 무관심이 찾아온다. 그 결과, 인생의 하루를 열심히 살아갈 수 있는 동력의 상실을 경험하게 된다.

소설 속 뫼르소가 삶을 대하는 모든 태도에서는 어떠한 의미도 느끼기 어렵다. 그의 행위에는 삶의 헛됨만이 가득하다. 직장 승진도, 결혼도, 가족의 죽음에서도, 어떠한 의미도 찾지 못한다. 게다가 뫼르소는 인생에 어떠한 의미를 찾지 못했음에도 불구하고 계속해서 삶을 살면서 자신이 무의미하게 느끼는 행위들을 해나가고 있다.

이토록 무의미하고 지독한 무기력증은 나와 세상 사이의 관계가 무너진 것에서 비롯된다. 세상에 문득 나 홀로 있다는 생각, 즉 고독감과 소외감에서 시작되는 것이다. 카뮈는 소설 속 뫼르소를 통해서 '허무 아래 드리워진 고독감'이라는 감정을 보여준다. 카뮈는 소설 제목처럼 '뫼르소는 자기가 사는 세상에서 철저한 이방인이고 자신의 생활 속에서 단지 주변인일 뿐'이라고 전한다. 뫼르소가 느낀 감정 중 하나는 지독한 낯섦이었다.

주위와 단절되어 나를 이해해 줄 수 있는 존재가 이 세상에 없을 것이라 느껴지는 고독감. 모두가 행복한데 오직 나만 외딴섬에 놓인 것처럼 느끼는 소외감. 우리는 종종 뫼르소처럼 자신에게서 불행한 이방인의 모습을 발견하게 된다.

이런 허무하고 무기력한 상태에서는 자칫 잘못하면 우울증에 빠지기 쉽다. 현실에서 도피하고 싶어서 게임에 빠지거나, 진짜 자아를 찾는 대신, 재물, 권력에 지나치게 집착한다. 그리고 무언가 잘 안될수록 더 자기 자신을 학대하면서 삶에 많은 문제를 일으키게 된다.

카뮈는 말했다. "삶은 무의미하다. 무의미한 이유는 부조리함으로 가득하기 때문이다." 뫼르소의 마음에는 아무것도 남아있지 않았고, 목적도, 결과도, 변화도, 희망도 없었기 때문에 절망조차 없던 것이다.

뫼르소의 이야기는 오늘날 평범한 사람의 직장생활을 떠올리게 한다. 출근과 퇴근, 황금 같은 주말이 지나면 월요병과 함께 다시 출근하고 퇴근을 반복한다. 올해 나에게 주어진 목표를 달성해도, 내년에는 더 높은 목표가 나에게 주어진다. 지금의 프로젝트가 끝난다고 해도 금세 다른 프로젝트가 나를 찾아온다.

이러한 업무들은 회사 생활 내내 영원히 계속될 것 같이 이어진다. 직장인들은 이 같은 환경 속에서 끊임없이 회사에 다녀야 하는 이유를 찾으려 노력한다. '회사는 돈 벌려고 다니는 거지', '이 일은 다 나의 성장과 성공을 위해서 하는 거야', '지금 내가 하는 일은 분명히 가치가 있을 거야' 끊임없이 스스로 이유를 새긴다.

그럼에도 어느 날 문득 회사 생활에 무의미함이 찾아든다. 오늘날 직장인들이 회사 업무의 무의미함에 대한 생각에서 벗어나기는 도무지 쉽지 않다. 2030 세대들은 모두 이러한 무의미함에서 회사와 나의 삶에 선을 그으려고 발버둥을 치는 건지도 모른다. 삶의 부조리는 여기서 발생한다. 인간은 계속해서 의미를 찾으려고 하는데 도저히 내가 살고 있는 이 세상에서는 의미가 찾아지지 않는 순간, 인간은 부조리를 느끼는 것이다.

세상은 그저 있는 그대로 존재한다. 다만 인간이 세상에 의미를 부여하고 논리적으로 이해하려고 노력할 뿐이다. 카뮈는 '인간은 끊임없이 세상에서 의미를 찾으려고 노력하는데, 아무리 열심히 해도 무의미함만을 느낄 때 부조리한 감정에 휩싸인다'고 했다. 모든 인간은 언젠가 죽는다. 어떠한 관점에서 우리는 모두 집행을 기다리는 사형수들일 뿐이다. 그러한 관점에서 인생은 그저 허무하며, 의미를 찾으려고 하면 할수록 부조리한 감정만 더욱 강하게 느낄 뿐이다.

그렇다면 우리는 이런 삶의 부조리 속에서 꼭 살아야 하는 걸까? 삶이 무의미하다는데 도대체 왜 하루하루를 살아야 하는 걸까?

우리가 자유를 얻는 방법

카뮈는 말한다.

살아야 할 뚜렷한 이유를 찾기는 어렵다. 하지만 그렇다고 해서 오늘 죽어야 할 이유도 딱히 없다. '왜 살아야 하는가'라는 질문은 필연적으로 '왜 죽어야 하는가'라는 질문과도 연결된다.

- 카뮈

죽어야 할 이유를 딱히 찾기 어렵기에 그냥 살아간다. 그리고 우리는 이런 생각 속에서 한가지 선택을 할 수 있게 된다. 그건 삶이 부조리하고 아무런 의미가 없다는 사실을 그저 받아들이는 것이다.

산다는 것은 절대 쉽지 않다. 많은 이들이 인생에 살만한 가치가 없다는 이유로 스스로 세상을 등진다. 그들은 삶을 저버림으로써 삶의 부조리를 고백하려 한다. 하지만 그럼에도 하나의 삶을 산다는 것은 이 삶이 부조리임을 알면서도 전적으로 그것을 받아들이는 것과 같다. 삶은 본래 그렇게 무의미하고 가치가 없으며 우리는 그저 우주에서 먼지에 지나지 않는다. 따라서 신이라는 존재 아래 인간은 아무것도 아니다.

만약 우리 삶이 의미가 없음을 받아들이고 인정하면 어떻게 되는 걸까? 역설적으로 우리는 자유를 얻게 된다. 우리가 가치 있다고 판단했던 것들, 우리에게 영향을 미친다고 생각했던 세상의 온갖 것들이 사소하다고 여겨지기 때문이다. 삶의 마지막 순간을 상

세상이 오르지 못할 무의미를 나에게 가져다줘도
나는 언제나 자유롭게 살아갈 수 있다

상해 보자. 우리가 그렇게 소중하게 여겼던 부와 명예는 가치를 잃는다. 우리가 소유하고 있다고 생각했던 것들이 사실 내 것이 아니었음을 깨닫게 된다. 상사의 싫은 소리, 주변 사람들의 상처 되는 평가, 부족한 재산과 같은 것들이 먼지의 티끌처럼 사소하고 무의미하다고 느껴지는 순간이 온다.

그 순간부터 우리는 진정 원하는 것들에만 집중하면서 살아갈 수 있는 자유를 얻게 된다. 설사 내가 진짜 좋아하고 원하는 것들이더라도 무의미함을 인식할수록, 우리는 집착에서 벗어나 순수한 마음으로 아낄 수 있게 된다. 역설적으로 부조리함을 느끼는 인간은 무한한 자유를 얻을 수 있게 된다. 마치, 새가 날기 위해서 몸이 점점 가벼워지듯이, 삶이 무가치하다고 여길수록 더 자유로워진다.

자유로움을 얻은 상태에서 카뮈는 '반항'이라는 키워드로 어떻게 살아야 하는가를 이야기했다. 무의미한 삶을 인정하되, 끊임없이 자신의 삶을 살라고 말이다. 이는 곧 부조리하고 무의미한 삶에 대한 반항이 된다. 카뮈의 저서인 『반항하는 인간』에서, 그는 반항하는 인간의 논리에 관하여 설명한다.

인간 조건의 불의에 또 다른 불의를 보태지 않도록 정의에 봉사하고, 세상에 가득한 거짓을 심화시키지 않도록 명료한 언어를 쓰며 인간의 고통에 맞서서 행복을 위하여 투쟁하는 데 있다.

－ 카뮈

인생이 무의미하게 느껴지지만 그럼에도 살아내는 것. 그리고 그 안에서 자유를 만끽하면서 살아가는 것. 카뮈는 반항하는 인간을 이렇게 정의 내렸다. 반항하는 인간만이 참된 의미를 갖고 살아갈 수 있다. 부조리하다는 현실을 무시하거나 회피하지 않고 인정하되, 그럼에도 끊임없이 의미를 추구하면서 살아간다. 무의미함을 알기에, 의미를 찾지 못하더라도 거기에 다시 집착하지 않고 살아가는 선순환을 만들어 낼 수 있다.

카뮈 역시 부조리한 환경에서 살았지만, 평생에 걸쳐 삶의 의미를 끝없이 추구했다. 그리고 자신이 추구한 사상을 실천하며 살았다. 1911년 프랑스 식민지인 알제리에서 태어난 카뮈는 어린 나이에 1차 세계대전을 경험했다. 카뮈는 한 살도 되지 않을 때 전쟁으로 아버지를 잃었다. 어머니는 귀가 잘 들리지 않았다. 그는 외할머니 집에서 살면서 가난한 어린 시절을 보냈다. 지독한 가난 속에서 생계를 위해 과외교사, 시청직원, 자동차 부품 판매원 등 닥치는 대로 일을 했다.

또 카뮈는 건강 문제로 평생 고생했다. 폐결핵으로 인해 축구선수 활동, 철학 교수 일을 그만둬야 했고, 학교를 중퇴하기도 했다. 첫 번째 부인과의 결혼생활은 아내의 모르핀 중독과 외도로 얼마 못 가 이혼으로 끝났다. 그는 일평생 가난, 병마, 전쟁과 함께하는 삶을 살았지만 스스로 불행하다고 생각하지 않았다.

내 소년 시절을 지배하고 있던 아름다운 태양은 내게서 모든 원한을 빼앗아갔다. 나는 궁핍한 생활을 했지만 동시에 어떤 쾌락을 누렸다. 나는 스스로 무한한 힘을 느꼈다. 힘의 장애가 되는 것은 가난이 아니었다. 방해가 되는 것은 오히려 편견이나 어리석은 행동에 있었다.

- 카뮈

카뮈는 1937년 『안과 겉』, 1942년 『이방인』, 『시지프의 신화』를 연이어 출간한다. 이 작품 속에서 카뮈는 인간은 모두 각자 집행일이 다른 사형수의 삶을 살고 있고, 삶의 부조리를 껴안은 채 살고 있다고 주장했다. 그리고 계속해서 질문을 던졌다. '어차피 죽게 되는 무의미한 삶을 살아야 하는가? 산다면 어떻게 살아야 하는가?'

독일군이 프랑스를 점령하던 부조리한 상황 속에서 카뮈가 택했던 반항은 글쓰기였다. 현실을 직시하고 전쟁 중에도 지식인으로서 해야 할 일들을 찾았다. 그는 독립군 활동을 하면서도 틈틈이 글쓰기로 독일에 항전했다. 그리고 그는 결국 노벨 문학상을 수상했다.

카뮈는 부조리함으로 가득한 인생 속에서 어떻게 살아야 하는가를 실천으로 보여주었다. 카뮈의 소설 『페스트』는 이러한 부조리한 인생에 맞서서 인간이 어떻게 대응할 수 있는지 그 해답을 보여주고자 했다.

고통과 부조리에 맞서는 반항

인생을 살다 보면 견디기 어려운 일들이 생긴다. 나의 실수, 금전적 어려움, 갑작스러운 건강 이상까지, 불운은 언제나 예고 없이 찾아와서 우리를 괴롭힌다. 이런 상황들이 고약한 이유는 우리가 삶을 얼마나 충실하고 정직하게 살아왔는지와는 상관 없이 불행이 찾아오기 때문이다. 우리가 누구이건, 과거에 어떻게 살았는가와 상관없이 불행은 피할 수 없다.

카뮈의 소설 『페스트』는 이처럼 피할 수 없는 부조리와 고통 속에서 인간이 어떻게 맞서 살아가는지를 보여준다. 주인공인 의사 베르나르 리유는 어느 날 진료실에서 나오다가 죽은 쥐의 사체를 발견하고, 도시에는 전염병이라는 형태의 재앙이 찾아온다. 카뮈의 소설 속 배경은 제2차 세계대전의 전운이 감도는 프랑스령 알제리의 작은 도시 오랑Oran이다. 페스트는 도시 전체에 창궐하였고 오랑은 결국 폐쇄된다.

전염병이 창궐한 오랑의 시민들은 가장 가까이에서 죽음을 마주하며 불안과 초조함에 휩싸인다. 오랑의 시민들은 전염병이 가져다주는 갑작스러운 죽음에 대한 공포를 느낀다. 오랑의 시민들은 물리적인 자유가 제한되어 도시 밖으로 빠져나갈 수 없게 되었다.

도시 안에 있는 사람들은 모두가 같은 상황에 직면한다. 오랑에 잠시 방문한 외지 사람이든, 다른 도시에 사랑하는 연인이 있건, 평생 성실하게 살았건, 부모님에게 큰 잘못을 저질렀든 전염병 앞에서는 아무 상관이 없었다. 시민들은 결코 도망칠 수 없는, 전염병이 창궐한 도시에서 평등하게 부조리를 맞이하며 고통과 불안 그리고 죽음의 공포를 느낀다.

그러나 이 상황을 해석하고 어떻게 행동하는가는 사람마다 매우 달랐다. 도시에 갇힌 이들의 행동은 크게 세 가지로 나뉘었다. '회피', '순응', 그리고 '반항'이다. 카뮈는 이 세 가지 행동을 통해 삶에 피할 수 없는 불행이 찾아왔을 때 등장인물이 대응하는 방식을 설명했다.

회피하는 행동은 오랑의 공무원과 랑베르라는 기자를 통해서 보여준다. 리유는 죽은 쥐의 사체를 본 후 전염병이 창궐하려는 기미를 눈치채고 공무원에게 이야기한다. 하지만 그는 아무런 권한과 책임이 없다는 말만 되풀이하면서 리유의 의견을 묵살한다. 랑베르는 어떻게든 이 도시를 빠져나가려고 노력하는 인물이다. 취재를 위해 오랑에 방문했던 그에게는 평생을 약속한 연인이 있다. 그의 목표는 어떻게든 오랑을 빠져나가 연인이 있는 파리로 향하는 것이다. 랑베르에게 있어서 오랑은 그저 낯선 타인들의 도시이며, 전염병은 자신과 전혀 상관없는 일이라고 여겼다. 그는 스스로가 이방인이라고 여겼다.

하지만 전염병은 랑베르가 처한 엄연한 현실이었다. 그리고 그는 문제에 직면하기보다 어떻게 하면 상황에서 회피하여 멀어질지에 대한 고민만 했다. 그 결과 랑베르는 실현하기 어렵고 불가능해 보이기까지 하는 방법을 강구한다. 카뮈는 랑베르를 통해 인간이 불행을 맞이했을 때 현실을 부정하고 회피하는 모습을 표현했다.

두 번째 태도는 순응이다. 파늘루 신부는 페스트가 창궐한 오랑의 상황이 전염병을 부정한 인간에 대한 신의 형벌이라고 정의한다. 그러면서 이 시련은 우리에게 큰 유익을 줄 것이라며 반성하라 말한다. 하지만 순응의 태도는 무엇을 해야 하는지, 그리고 아무것도 해서는 안 되는지와 같은 의문을 남긴다.

마지막 태도는 반항이다. 주인공인 의사 리유는 최선을 다해서 전염병과 맞선다. 최악의 상황에서도 절망하는 대신 적극적으로 대응하여 해결책을 찾기 위해 노력한다. 카뮈는 리유를 반항하는 인간의 표본이라 소개했다. 리유는 의사로서 주어진 일들을 해나간다. 『페스트』는 리유의 반항적 도전을 통해서 전염병 문제를 해결해 나가는 이야기에 초점을 맞추고 있다.

리유는 체념하고 전염병을 그대로 두는 건 미친 사람이거나 비겁한 사람의 태도라고 말하면서 역병에 맞서 싸우겠다는 의지를 보여준다. 그에게 있어 전염병이 걸린 사람들을 치료하는 행동은 반항이었다. 그는 이미 전염병 때문에 3명 중 1명은 죽을 것이라는 사실을 잘 알고 있었다. 그럼에도 불구하고 그의 반항심은 전혀 꺾이지 않았다.

반항을 상징하는 또 다른 인물은 사회활동가 타루다. 리유와 타루는 전염병 문제에 적극적으로 대응하기 위하여 자원봉사 단체인 보건대를 창설한다. 전염병으로 인한 사망자가 점점 늘어나고 상황은 최악으로 치닫지만, 그들은 수단과 방법을 가리지 않고 계속해서 전염병과 맞서 싸운다.

사실 전염병을 종식한다는 거대한 목표 앞에서 리유와 타루의 행동은 어쩌면 그렇게 의미 있는 행동은 아닐 수 있다. 소설 속에서 보건대 활동은 전염병을 종식하는 데 결정적인 기여를 하지 않는다. 그들은 그저 방역과 소독, 기록, 도표 작성 등 전염병이라는 환경 아래에서 할 수 있는 일들을 했을 뿐이다. 이처럼 반항은 일정한 성과가 예상하는 행동을 의미하는 것이 아니다. 설령 무의미하고 끼치는 영향이 미미하더라도, 인간으로서 의지를 지니고 마땅히 해야 하는 것을 말한다.

실제로 전염병 종식에 기여한 건 혈청이었다. 어쩌면 전염병은 갑자기 오랑에 찾아왔듯이 자연스럽게 떠나야 할 때 떠난 것인지도 모른다. 자연재해로서, 자연의 섭리에 따라서 인간의 노력과 관계없이 사라질 예정이었을 수도 있다. 그럼에도 보건대는 그러한 자연의 섭리와는 관계없이 그저 당연히 해야만 하는 일들을 성실하게 해나갔다. 그들이 가치가 있다고 여기는 일을 멈추지 않았다.

카뮈는 우리에게 반항하는 태도로 살아갈 것을 우리에게 권하고 있다. 그는 소설을 통해, 개인적인 단위에서의 반항일지라도 사회적으로 연대를 만들고, 사람들의 생각까지 바꿀 수 있음을 보여준다. 결과적으로 회피의 태도를 보였던 랑베르와 순응의 태도를 보였던 파늘루가 보건대에 합류하였기 때문이다. 심지어 랑베르는 오랑을 탈출할 수 있었음에도 도시에 남아 전염병과 싸우기로 다짐한다. 그는 더 이상 현실을 회피하지 않고 마주하여 대응하기 시작한 것이다.

결과적으로 타루와 파늘루는 전염병과 투쟁하던 도중 목숨을 잃는다. 어쩌면 그들의 반항은 그 의미가 미미했을 수도 있다. 하지만 카뮈는 '결과가 아닌 과정'을 강조한다. 반항은 특정한 성공이 아니라 삶의 순간에서 우리의 선택과 방향 그리고 태도를 이야기하기 때문이다.

카뮈는 이 모든 반항은 영웅주의와는 관계가 없으며 단지 성실성의 문제라고 지적한다. 성실이란 자신에게 주어진 직분을 해내는 것이다. 카뮈는 초인적인 힘과 지혜를 지닌 영웅이 아니라 소시민들의 소박한 헌신이 운명에 저항하는 원동력이라고 주장한다. 사회는 위기를 이겨내고 위험에서 시민을 구하는 영웅을 좋아한다. 하지만 카뮈는 이러한 영웅주의를 누구보다도 경계했다.

'나'라는 사람은 영웅이 아니다. 그렇지만 어떤 상황에서도 위기를 돌파해 내는 힘이 있다. 그 힘은 영웅이 아니라 나에게 주어진 일들을 묵묵히 해나가는 성실성에서 비롯된다. 성실성을 통해 우리는 그 어떤 고통이 와도 헤쳐갈 수 있다. 이러한 평범한 인간의 대표적인 유형은 페스트에서 말단 공무원으로 등장하는 그랑이다. 그는 이혼하고 떠나간 아내를 그리워하고, 소설을 쓰지만 첫 문장을 쓰다 지우다를 반복할 뿐이었다. 하지만 페스트 사태 속에서 그는 퇴근 후 보건대에 들러서 통계를 작성하는 일을 한다. 그는 어떠한 영웅적인 행위가 아닌, 성실하게 주어진 일을 해나갔다. 하지만 그랑의 헌신 덕분에 보건대의 활동은 행정적으로 매우 탄탄하게 운영되었다.

자유를 제한하는 '전염병'은 사실 우리 삶에서 그 어떤 것으로도 대체될 수 있다. 때로는 우리의 직장생활이 될 수도, 경제적 상황이나 건강 문제, 인간관계 또는 코로나바이러스와 같은 현실의 전염병 그 자체가 될 수 있다. 이러한 불행과 불운은 아무 이유 없이 찾아온다. 애초에 삶에 고통과 불안의 원인을 찾는다는 것은 그리 쉽지 않은 일이다.

중요한 건 태도이자 관점이다. 잘못된 이유를 찾으려 애쓰고 이모든 게 다 나의 잘못이라고 자책하는 것보다는 적극적으로 대응해 나가야 한다고 카뮈는 말한다. 결과가 어떻게 되든 우리는 무엇이든 선택하고 행동할 수 있다.

중요한 건 불행과 불운이 오지 않기를 바라는 게 아니다. 삶의 고통은 어쩌면 숙명에 가깝다. 필요한 건 역경에서도 다시 일어나는 태도이다. 불확실한 상황에 놓여 있어도 나를 인간답게 하는 선택, 즉 내 인생을 위한 선택을 통해 우리는 행동할 수 있다. 과정 자체가 곧 완성이다. 그래서 카뮈는 반항하는 태도가 곧 우리 삶을 완성한다고 이야기한다.

지금 이 순간에도 삶은 그 자체로 빛나고 있다. 소박하지만 평범한 나의 삶은 영웅보다 위대한 이야기들을 더하며 인생을 만들어 나가고 있다. 지금 내 행동에서 의미를 찾을 수 없더라도, 삶의 이유가 부족하더라도 이를 인정하고, 나 자신에게 좀 더 집중하며 살아간다. 내가 뭘 원하는지, 무엇을 좋아하는지 고민해 보고, 설령 그것을 하지 못하더라도 집착하지 않는다. 어차피 우리는 다 완결되는 존재이니 말이다.

2.2

오늘 하루 나의 삶을
살아가야 할 의미

_ 빅터 프랭클

삶의 의미는 삶에 의미를 부여하는 것이다.

– 빅터 프랭클

아무것도 하기 싫어질 때가 있다. 지금 삶에서 해결해야 하는 지긋지긋한 문제들로 인해 억지로 몸을 움직여야 한다. 돈을 벌고 가족을 챙겨야 한다. 사람들을 만나서 관계를 맺을 필요도 있다.

마음이 올라와서가 아니라 그냥 해야 하니까 한다. 하기 싫지만 억지로 몸을 일으켜서라도 해야 한다. 뉴스에서는 방에 박혀서 전혀 나오지 않는 은둔형 외톨이가 사회적인 문제라고 한다. 어느 전문가는 저성장 시대에 아무리 노력해도 제대로 된 보상을 얻을 수 없기에 사람들이 무언가를 열심히 하기 위해 노력하지 않는다고 분석한다.

사회가 더 풍요로워졌음에도 개인의 삶은 점점 더 무기력해진다. 공허함을 달래보기 위해 값비싼 음식점에 가거나 해외여행도 떠나 본다. 유행한다는 멋진 카페에서 사진도 찍어본다. 아무리 새로운 자극을 주려고 애써보지만, 밑 빠진 독에 물을 붓듯이 허허한 마음은 채워지지 않는다. 이렇게 하루하루 무기력하고 열심히 할 마음이 도저히 생기지 않는데, 나는 계속 직장에 다니고 무언가를 하면서 살아가야만 하는 걸까?

최악의 환경에서 탄생한 삶의 의미

우리가 이렇게 허무하고 무기력해지는 이유를 설명한 심리학자가 있다. 바로 오스트리아의 철학자이자 정신과 의사 빅터 프랭클Viktor Emil Frankl이다. 그는 나치 독일 시절, 인간이 겪을 수 있는 최악의 환경인 강제수용소에서 보낸 3년의 경험을 토대로 '로고테라피'를 창안했다. 정신 치료 기법인 로고테라피는 오늘날까지 환자들의 정신 건강을 회복하는 데 있어 긍정적인 역할을 하는 큰 흐름 중 하나로 자리 잡고 있다.

그는 인간이 삶에 목적과 의미를 잃어버렸을 때 '실존적 공허 상태'가 된다고 설명했다. 얼핏 보면 인생은 아무 가치가 없는 것처럼 보인다. 태어나는 순간부터 나라는 사람은 죽음을 향해 계속해서 달려간다. 아무리 열심히 하더라도 어떠한 보상도 받지 못하는 순간들이 반드시 찾아온다.

빅터 프랭클이 경험했던 수용소 생활은 누구보다도 참혹했다. 수용소 안에 갇힌 사람들은 마치 무방비 상태의 양 떼와 같았다. 관리인들은 수감자들을 발로 차고 매로 때리며 그들의 존엄성을 박탈해 갔다. 수감자들은 그곳에서 육체에 대한 자유와 재산을 모두 빼앗겼으며 언제든 가스실로 끌려가서 죽을 수 있다는 공포감에 시달렸다. 강제수용소와 같은 끔찍한 곳에서 무엇을 위해 살 수 있을까? 내 존엄을 포함한 모두를 빼앗겼을 때, 심지어 내가 할 수 있는 행동을 전부 속박당했을 때조차 삶을 포기하지 않을 이유가 있는 걸까?

빅터 프랭클은 그러한 최악의 상황에서도 인간은 살아야 할 이유가 있다고 생각하고 실천했다. 그는 내가 나의 삶에 단단한 의미를 품고 있는 한 인간은 가장 고통스러운 상황도 극복할 수 있으며 그것이 인간을 나아가게 하는 힘이라고 생각했다. 빅터 프랭클에 따르면 본질적으로 사람을 움직이는 것은 쾌락도 성공도 힘도 아니다. 인간을 진정 살아가게 만드는 건 삶의 목적과 의미이다.

빅터 프랭클은 최악의 환경에서 삶의 의미와 목적이 어떻게 사람들을 구원하는지 발견했다. 그리고 삶의 의미와 목적이 사라진 실존적 공허 상태에 있는 사람들이 어떻게 절망하는지도 경험했다.

강제수용소에서 그는 두 그룹의 사람들을 볼 수 있었다. 첫 번째 그룹은 어떠한 희망도 없이 삶을 그저 포기한 사람들이었다. 반면에 두 번째 그룹은 아무것도 할 수 없는 최악의 상황이었지만 어떻게든 살아갈 이유를 찾은 사람들이었다.

빅터 프랭클은 삶의 목적과 희망을 상실한 사람이 어떻게 죽어가는지를 경험했다. 빅터 프랭클의 동료 중에는 작곡가이자 작사가였던 한 사람이 있었다. 어느 날 그는 꿈속에서 1945년 3월 30일에 수용소에서 해방될 거라는 목소리를 듣는다. 희망에 찬 그는 꿈속의 목소리가 현실로 이루어질 거라고 확신했다. 하지만 약속의 날이 차츰 다가옴에도 불구하고, 그가 자유의 몸이 될 가능성은 거의 없어 보였다. 그렇게 3월 29일이 되었을 때 그는 갑자기 고열이 앓기 시작하더니 3월 30일이 되자 헛소리를 중얼거리다가 의식을 잃었다. 그리고 3월 31일, 그는 발진티푸스Typhus Fever로 사망했다.

그 동료가 죽은 결정적인 원인은 그가 꿈꾸고 기대했던 '해방의 날'이 오지 않았다는 데에 있었다. 그는 희망했고 절망했으며 좌절했다. 그 결과 미래에 대한 그의 믿음과 살고자 하는 의지는 무너졌고, 발진티푸스균에 대항하던 그의 저항력이 떨어져 결국 병마의 희생양이 되고 말았다.

강제수용소에서는 1944년 성탄절부터 1945년 새해에 이르기까지 일주일 동안 사망률이 급격하게 증가했다. 담당 의사에 따르면 이 기간 사망률이 증가한 원인은 가혹한 노동조건이나 식량 사정의 악화, 새로운 전염병만이 아니었다. 이 시기 수감자의 대부분은 집에 갈 수 있을 것이라는 막연한 희망을 품었다. 하지만 새해가 지나감에도 불구하고 희망적인 소식이 들리지 않자, 수감자들의 가슴 속에는 절망만이 가득했다. 절망감은 그들의 신체 면역력 등에 부정적인 영향을 미쳤고, 결국 많은 사람을 죽음으로 몰고 갔다.

반면에 두 번째 그룹의 사람들은 도저히 견디기 어려운 삶의 조건에서도 나름의 목적을 발견했고, 이를 토대로 삶을 이어 나갔다. 왜 살아야 하는지를 깨달은 그들은 현실에 주어진 어떠한 상황도 견딜 수 있었다. 어떤 수감자에게는 바깥에서 자신을 기다리는 아이가 남은 삶의 의미였다. 오직 자신만이 자신을 기다리는 아이에게 아버지로서 애정을 베풀 수 있다고 생각했다. 다른 한 사람은 과학자였다. 그 수감자는 책을 써오고 있었는데, 집필을 아직 완료하지 못했다. 그에게 있어 삶의 목적은 과학책을 완성하는 것이었다.

빅터 프랭클 역시 삶의 의미를 발견한 그룹의 사람이었다. 수용소에 입소했을 때 그의 손에는 로고테라피에 관한 원고가 있었고, 이를 어떻게든 잘 보관하고 싶었다. 하지만 감독관은 그 원고를 불태워 버렸고, 빅터 프랭클은 인생의 의미가 무너진 듯 좌절했다. 하지만 이후 빅터 프랭클은 원고를 다시 쓰기로 마음먹었다.

특이하게도 그가 의미치료에 대한 원고를 다시 써야겠다고 굳게 결심한 시점은 그의 건강이 최악이었을 때다. 그가 있던 수용소에서 발진티푸스가 퍼졌고, 빅터 프랭클 역시 감염되어 고열 때문에 거의 죽기 직전에 이르렀다. 하지만 그의 마음속에는 인류에게 도움이 되리라 확신하는 로고테라피를 세상에 알리고 싶다는 사명감으로 가득했다. 빅터 프랭클은 고열과 피로로 숨도 쉬기 힘든 상황임에도, 한밤중에 담당 의사가 있는 막사로 몰래 찾아갔다. 잘못하면 경비병으로부터 기관총을 맞을 수도 있는 위험한 상황이었지만 살기 위해 위험을 감수했다. 결국 찾아온 위기들을 강한 의지로 무사히 넘기고 최악의 환경에서 살아 돌아올 수 있었다.

빅터 프랭클을 생존하게 만든 원동력은 로고테라피가 인류에

인생의 의미는 나에게서 시작된다

Chapter 2 나에게 주어진 삶의 의미에 대하여

게 필요하다는 강한 동기였다. 자신이 죽게 되어 의미치료 이론이 사라진다면, 이를 통해서 누군가의 삶을 회복시키는 미래까지 빼앗긴다고 생각했다. 로고테라피는 그의 삶과 의미 그 자체였다.

흔히 인간을 '환경의 노예'라고 여긴다. 누구나 최악의 환경에 놓이면 고를 수 있는 선택지가 매우 제한되기 때문이다. 하지만 빅터 프랭클은 죽음의 수용소라는 최악의 환경에서조차 '인간은 자기 행동의 선택권을 가질 수 있다'는 사실을 발견했다. 수용소에서 가혹한 정신적, 육체적 스트레스를 받는 많은 사람들은 잔인하고 무감각하게 변해갔다. 하지만 모든 사람이 그렇게 된 건 아니었다. 최악의 상황에서 누군가는 다른 사람들을 위로했다. 어떤 이는 마지막 남은 빵을 나누어 주기도 했다.

이런 인류애가 가득한 모습들을 보면서, 빅터 프랭클은 설령 인간에게 모든 행동의 제약을 빼앗아 갈 수는 있어도, 인간에게는 마지막 남은 자유가 있다는 것을 발견했다. 바로 주어진 환경에서 자신의 태도를 결정하고 자기 자신의 길을 선택할 수 있는 자유였다.

삶의 대부분이 제한된 수용소에서조차 인간은 매일, 매시간 선택하고 결정을 내릴 수 있었다. 절대적으로 수면과 식량이 부족한 상황에서, 인간으로서 존엄성을 잃는 방향으로 행동하기 쉬운 환경에 처했음에도 불구하고, 수감자가 어떤 종류의 사람이 되었는가는 어디까지나 그의 선택에 따른 결과였다.

그곳에서 누군가는 다른 수감자들을 괴롭히는 감시자가 될 수도 있고, 절망하여 무기력하게 행동하는 사람이 될 수도 있었다. 심지어 정신적으로 끝없이 성숙해지는 사람이 될 수도 있었다. 척박한 환경에 처하더라도, 자기 자신은 스스로 어떠한 종류의 사람으로 살아갈 것인지를 선택할 수 있던 것이다.

강제수용소였음에도 불구하고 남을 위해 희생한 사람들이 있었다. 빅터 프랭클은 그들의 행동을 통해서 어떠한 시련과 죽음의 위협이 있더라도, 사람들에게 있는 내면의 자유는 결코 빼앗을 수 없다고 믿게 되었다. 그리고 이러한 내면의 자유야말로 결코 빼앗을 수 없는 '영혼의 자유'라고 확신했다. 영혼의 자유가 있기 때문에 나는 시련과 고통이 찾아와도 삶의 의미와 목적을 찾는 선택을 할 수 있다.

영혼의 회복을 위한 세 가지 가치

빅터 프랭클은 1905년 오스트리아에서 유대인 공무원 가정에서 태어났다. 그는 1923년에 오스트리아 빈 대학교에서 의학을 공부했으며, 우울증과 자살을 주로 연구했다. 그는 고등학생들을 무료로 상담하기 위한 프로그램을 만들기도 했는데, 그 덕분인지 1931년 빈의 학생 중 단 한 명의 자살자도 발생하지 않았다고 전해진다. 이후 빅터 프랭클은 신경학과와 정신과에서 레지던트를 이수했는데, 이때 그는 자살 충동이 있는 3,000명 이상의 환자를 치료했다.

하지만 빅터 프랭클은 제2차 세계 대전이 발발하면서 부모, 형제, 아내를 모두 나치 강제수용소에서 잃었고, 자신도 아우슈비츠 수용소, 다하우 등 3년 동안 네 군데의 수용소를 거친다. 수용소 안에서 그는 두 번 다시는 겪고 싶지 않을 일들을 경험했다. 아우슈비츠 수용소에 도착하자 함께 입소했던 사람 중 90%는 곧바로 가스실로 끌려가 죽임을 당했다. 그나마 살아남은 나머지 사람들은 발 하나 뻗기도 힘든 수용소에서 가축처럼 구겨 넣어진 채 살아야 했다. 그들은 극심한 영양실조를 겪으면서 하루 종일 노역에 시달리는 생활을 해야 했다. 하루에 한 번 배급되는 빵과 묽은 수프가 그들이 먹는 음식 전부였다. 시시때때로 자행되는 폭력과 매서운 추위와 배고픔에 시달렸다.

그는 죽을 수도 있다는 극심한 공포 속에서 매 순간을 살았다. 겨우겨우 삶을 버텨나갔고 가까스로 살아남을 수 있었다. 최악의 상황에서도 희망을 잃지 않았고, 삶의 의지를 되새기며 마침내 자유를 얻었다. 모든 시련에서 살아남은 빅터 프랭클은 이제 세상에서 아무것도 두려워할 필요가 없음을 확신하는 경이로운 느낌을 얻게 되었다.

전쟁이 끝난 뒤 빅터 프랭클은 오스트리아로 돌아와 비엔나 의과 대학 신경과 교수가 되었다. 그는 수용소에서의 경험을 토대로 확립한 로고테라피를 발전시켰고, 사람들을 치유하기 위하여 일평생 노력했다. 1946년 그가 수용소에서 겪었던 경험을 담아 출간한 『죽음의 수용소에서』는 1997년까지 24개 언어로 1억 권이 넘게 팔린 것으로 추산된다. 미국 정신과 협회는 정신 치료에 대한 빅터 프랭클의 공헌을 인정해 1985년 오스카 피스터상을 수여했으며, 이외에도 전 세계 29개 대학에서 명예박사 학위를 받기도 했다. 그렇게 93세의 삶을 마감할 때까지 빅터 프랭클을 강의와 집필을 쉬지 않았으며, 생전 40권의 책을 남겼다.

빅터 프랭클이 일평생 연구한 의미치료, 즉 로고테라피는 사람들이 자기 삶 속에서 의미를 찾고 공허한 삶을 회복해 주는 역할을 했는데, 그는 특히 로고테라피를 통해서 실존적 공허의 회복을 돕는 데 필요한 세 가지 가치인 '창조 가치', '체험 가치', 그리고 '태도 가치'를 소개했다. 그의 말에 따르면 인간은 누구라도 다음의 세 가지 가치 실현을 통해서 삶의 의미를 만들어 나갈 수 있다고 한다.

창조 가치　우리는 창조적인 일을 통해서 공허한 삶을 회복할 수 있다. 교육, 예술, 문학, 만들기, 글쓰기 등의 활동에 몰두하면서 삶에 에너지를 충족시킬 수 있다. 창조 가치에서 나의 행위가 얼마나 대단한 일인지는 중요하지 않다. 그보다는 자기 자신이 얼마나 창조에 정성을 기울이며 의미 있다고 생각하는지가 중요하다. 누군가는 수천억 원의 가치를 창출하는 일을 하면서도 의미가 없다고 생각할 수 있다. 또 다른 누군가는 돈을 버는 일보다는 자신의 집을 꾸미는 일에 더 큰 의미를 부여할 수 있다. 내가 하는 일이 영향력의 크기와 관계 없이 누군가에게 도움이 되거나 내가 가치 있다고 생각된다면 그걸로 충분하다는 것이다.

쉽게 할 수 있는 창조 활동은 의외로 우리 주변에 많다. 그중에서 추천하는 건 글쓰기다. 지금 당장 앉아서 메모장에 생각나는 대로 글을 적는다. 지쳐 있는 상태라면 글을 많이 적지 않아도 좋다. 하루 1분, 세 문장만 적어도 된다. 세 문장을 적은 뒤에 다음 문장들이 떠오르면 계속해서 적어본다. 이를 통해 글이 나를 이끄는 경험을 해볼 수도 있다. 만약 괜찮다면 완성한 글을 다른 누군가에게 공유하여 소통해 보자. 내 생각을 글에 옮기고 사람들과 공유하는 행위를 통해 창조적인 나를 마음껏 만날 수 있다.

체험 가치 체험이나 만남을 통해서 얻어지는 체험 가치는 자연의 경이로움을 느끼거나 예술을 통해서 다양한 이들의 관점을 흥미롭게 경험하는 것을 의미한다. 때로는 사랑하는 사람과 함께 시간을 보내면서 지친 에너지를 회복할 수도 있다. 우리는 체험을 통해서 이 세상 아래에 있는 다양한 사람들과 자연, 또는 사람들이 만든 작품과 연결될 수 있다. 그리고 이러한 연결을 통해 자연과 하나가 되거나 무언가에 완전히 몰입할 수 있다.

태도 가치 인생에는 피할 수 없는 비극적 순간들이 있다. 마음이 고통스러운 순간이나 죽음이 다가오고 있음을 느낄 때, 우리의 마음에는 어떻게 할 수 없을 정도의 절망이 가득해진다. 모든 자유가 빼앗기고 내가 선택할 수 있는 것들이 없다고 여기기 쉽다. 하지만 빅터 프랭클은 어떠한 상황에서도 인간은 자신이 어떠한 태도로 대응할 것인지 선택할 수 있다고 말했다.

이것을 바로 태도 가치라고 부른다. 우리는 종종 극도로 힘든 상황 속에서도 위기를 위대한 성취로 바꾸는 사례들을 접하고는 한다. 인간의 잠재력은 시련 속에서 더 빛을 발하는 경우가 많다.

왜냐하면 내가 올바른 태도를 갖고 시련을 이겨냈을 때, 고통은 곧 가장 고귀한 가치와 깊은 의미를 깨닫는 기회로 변모하기 때문이다. 어떤 상황에서도 삶은 살아갈 가치가 있다. 나라는 이의 존재 가치는 파괴된 적이 없고 훼손될 수도 없다. 그 사실을 굳건히 믿어야 한다.

삶에서 기대하고 욕망한 것에 대해 좌절을 느끼거나, 무의미하게 반복되는 일상과 생활에 허무함을 느끼고, 재미있었던 것들이 더 이상 의미 없게 느껴진다면, 실존적 공허를 경험 중이라고 생각할 수 있다. 이러한 이들에게 빅터 프랭클의 생각들은 실존적 공허를 회복하는 데 도움을 줄 수 있다.

빅터 프랭클은 모든 물리적 자유가 전혀 없는 절망적인 상황에서 태도의 중요성을 깨닫고 실천했으며 삶의 허무감과 상실감 무기력에서 벗어나기 위한 로고테라피를 창시한 사람이다. 그의 경험에서 비롯된 창조 가치와 체험 가치, 그리고 태도 가치를 통해서 삶이 생기로 가득해지는 변화를 경험해 보는 건 어떨까.

빅터 프랭클은 말했다.

어떤 절망에도 희망이 있다고 생각한다.

상상을 초월하는 최악의 상황에서 인간은 믿을 수 없을 정도로 용감하게 맞서 싸울 수 있다는 사실을 발견했다.

인간에게서 물질적인 것을 빼앗아 갈 수는 있다. 하지만 주어진 환경에서 자신의 태도를 결정하고 마음가짐을 선택할 수 있는 자유만큼은 절대 빼앗아 갈 수 없다. 때문에 인간은 강제수용소에서 성자처럼 행동할 수도, 돼지처럼 행동할 수도 있다.

빅터 프랭클은 자기 경험을 이성적으로 분석하고, 이를 바탕으로 정신 치료법 이론인 로고테라피를 창시했다. 수용소에서의 잔인하고 끔찍했던 경험이 빅터 프랭클 박사에게 위대한 결과물을 만들어 준 밑거름이 된 것이다.

절망과 좌절 속에서 만들어진 로고테라피는 지금도 수많은 이들의 인생을 구원하고 있다.

2.3
진정한 자유를 위한 여정

_헨리 데이비드 소로

우리가 소박하고 현명하게 생활한다면 이 세상에서 생계를
유지하는 것은 힘든 일이 아니라 오히려 즐거운 일이다.

- 헨리 데이비드 소로

삶의 자유를 얻으려면 어떻게 해야 할까?

세상에는 삶을 자유롭게 살기 위해 꼭 필요한 것들이 있다. 가
장 먼저 언급되는 건 '내 집 마련'이다. 안정적인 직장 역시 필수라
고 말한다. 특히 대기업을 다니게 되면 복지도 좋고 회사가 망할
일이 없으며, 급여도 높은 편이라고 한다. 하지만 회사에 다니는
대가로 최소한 월요일부터 금요일까지 점심시간을 포함한 9시간
을 저당 잡혀야 한다. 보통 출퇴근 시간까지 합하면 거의 12시간

에 가까운 시간이 회사에 매여 있게 된다.

꼭 이렇게 해야만 진정한 자유를 얻을 수 있는 걸까? 집을 사기 위해서 대출을 받으면 그것을 갚는 데 수십 년이 걸린다. 그러면 수십 년 동안 내 인생은 은행에 저당 잡혀 사는 셈이 된다. 회사와 근로계약을 맺는다는 건 나의 시간 중 일부를 회사에 주는 것이다. 근무 시간 동안은 회사가 원하는 대로 행동해야 한다.

세상은 '집도 있고 자산도 있고 안정적인 돈벌이 방법이 있어야만 자본주의 사회에서 진정한 자유를 얻을 수 있다'라고 말한다. 즉, '무언가를 소유해야'만 자유를 얻을 수 있다는 것이다. 그런데 꼭 물질적 조건을 갖춰야만 자유를 얻을 수 있는 걸까? 자유를 얻기 위해서 수십 년 동안 나의 삶의 일부를 반드시 포기해야 하는 걸까?

통나무집에서 만난 자유

약 2년간에 걸친 실험을 통해서 이러한 생각에 반대 의견을 내놓은 사람이 있다. 바로 『월든』으로 유명한 미국의 철학자 헨리 데이비드 소로Henry David Thoreau이다. 그는 미국 뉴햄프셔주 콩코드에 있는 월든 호수에서 약 2년 동안 직접 나무를 베어 지은 통나무집에서 머물렀다. 그리고 자급자족을 통해 인간은 지금 당장이라도 자유로워질 수 있다는 깨달음을 얻었다.

그는 『월든』에서 무언가를 더 얻기 위해서 도리어 제한되어 버린 자유에 관해 이야기했다.

농장의 실질적인 주인이 되기 위해 20년, 30년, 심지어 40년을 힘겹게 일해왔다. 일반적으로 그들이 대출금을 떠안은 채 농장을 물려받거나 돈을 빌려 농장을 구매했기 때문이다. 그러나 아직 빚을 갚지 못한 농부들이 대부분이다. 게다가 그런 고된 노동 중 3분의 1이 집값을 갚지 못한 몫으로 남겨진다…. 집을 소유한 가정의 수는 전체의 극히 일부에 지나지 않는다…. 집 때문에 매년 부담스러운 집세를 지불해야 한다…. 이제 집세가 그들이 죽을 때까지 가난으로 옭아매는 족쇄가 되어버렸다…. 농부가 집을 마련하면 그 때문에 더 부자가 되는 것이 아니라 더 가난해질 수도 있다. 집이 농부의 주인 노릇을 하기 때문이다.

- 『월든』

돈을 벌기 위해서는 나의 노동과 시간을 사용해야 한다. 게다가 아파트 평수를 늘리고 좋은 차를 사려면 더 많은 돈이 필요하다. 지금보다 많이 가지려고 할수록 나의 시간을 더 많이 써야 한다. 20평의 집을 사는 데 10년 동안의 기간이 필요하다면, 더 좋은 입지의 30평 이상 집을 사기 위해서는 20년의 기간이 필요할 수도 있다. 내 인생 시간 10년을 더 써서 좋은 조건의 집과 맞바꾸게 되는 셈이다.

만약 직장인이라면 회사가 내 시간의 주인이 된다. 대출을 받아서 집을 마련했다면 은행이 내 시간의 주인이 된다.

반드시 더 많은 것을 가지고 있어야만 자유를 얻는 건 아니다. 오히려 더 많이 소유하려 하기에 자유를 더 잃게 되는 것도 있다. 소로는 '인간은 자신이 만든 도구의 도구가 되고 말았다'고 이를 설명한다. 왜 우리는 더 많은 것을 얻으려고 항상 골머리를 썩여야 하는 것일까? 때로는 적은 것으로 만족하는 법을 배워야 하지 않을까? 이 고민을 안은 채 소로는 월든 호수로 들어가게 되었다.

내가 숲속으로 들어간 이유는 인생을 내가 원하는 대로 살아보기 위해서였다. 인생의 본질적인 사실들만을 직면해 보려는 것이었으며, 인생이 가르치는 바를 내가 배울 수 있는지 알아보고자 했던 것이며, 그리하여 마침내 죽음을 맞이했을 때 내가 헛된 삶을 살았구나 하고 깨닫는 일이 없도록 하기 위해서였다. 나는 삶이 아닌 것은 살지 않으려고 했으니 삶은 그처럼 소중한 것이다.

-『월든』

인생은 나를 비롯한 모든 사람에게 '시간'이라는 선물을 준다. 그런데 '과연 이 시간을 과연 당신의 의도대로 사용할 수 있는가?'라고 물어보면, '그렇다'고 답변할 수 있는 사람은 그리 많지 않을 것이다. 누군가는 그런 삶은 부자들이나 가능할 것이라고 말한다. '먹고 사느라 바쁜데, 어떻게 시간을 자기 마음대로 쓸 수 있느냐'고 반문할 수도 있다.

소로는 숲속으로 들어가는 선택을 통해 시간에 대한 자유를 얻게 된다. 무언가를 더 얻기 위해서 내 소중한 시간을 쓰는 대신 불편한 자유를 선택한 것이다. 소로에게 있어 가장 소중한 건 얽매임이 없는 자유였다. 경제적으로 풍족하지 않더라도, 행복하게 살아갈 수 있다고 생각했다. 값비싼 양탄자나 호화가구들, 맛있는 요리 또는 값비싼 양식으로 지어진 주택 등을 살 돈을 마련하는 데 시간을 소비하지 않은 것이다.

그렇게 숲속에서의 삶이라는 2년 2개월의 실험이 시작되었다. 다만 소로의 월든 숲 생활에 대해서 오해하지 말아야 할 점이 하나 있다. 소로는 세상과 일체 교류를 끊고 혼자 척박한 곳으로 들어가 고립된 삶을 살지 않았다. 그가 추구한 자유로운 삶은 문명과 완전히 단절된 것이 아니었다. 소로는 그저 무엇이 진정한 자기 삶인지 월든 호수에서 확인하고 싶었을 뿐이었다.

그렇다면 진정한 삶은 무엇일까? 요즘 사람들은 참 바쁘다. 회사에 다니면 다니는 대로, 집안일은 집안일 대로, 육아는 육아대로 바쁜 삶을 살아간다. 아이러니하게도 삶이 바빠진 이유 중 하나는 기술의 발달 때문이다. 우리는 이제 스마트폰과 인터넷 덕분에 어디서든 연락을 주고받을 수도 있고, 필요한 정보를 언제든지 얻을 수도 있다. 노트북 하나만 있으면 어디서든 일을 할 수 있다. 심지어 비행기와 고속열차를 탄 채 빠르게 이동하면서도 업무를 할 수 있다.

언제든 어디서든 내가 원하는 것을 할 수 있기에, 우리는 틈만 나면 무엇이든지 하려고 한다. 더 많은 것을 하고 또 소비하려 한다. 여행도 가야 하고, 값비싼 물건을 사고 맛있는 음식도 먹어야 한다. 멋진 자동차도 한 대 있어야 하고, 온갖 문화생활도 누려야 한다. 그리고 무엇보다, 이 모든 소비를 지탱하기 위해서 일을 해야만 한다.

19세기 미국에서도 산업화가 시작되자 사람들은 도시로 몰려들었다. 철도 기술 등의 발달로 삶의 속도에 가속도가 붙기 시작했다. 삶에 더 많은 것들이 갖추어질수록 역설적으로 사람들은 더 바쁘게 되었다. 그리고 어느새 삶에서 진짜 소중한 것들을 생각해 볼 수 있는 시간과 여유를 잃고 말았다.

소로는 '이렇게 바쁘게 사는 게 정말 맞는 건지 사람들은 조금도 생각하지 않는다'고 말하기도 했다. 그의 말처럼 사람들은 바쁘다고 말하면서도 막상 중요한 일은 제대로 해내지 못해 힘들어한다. 그가 선택한 '월든'에서의 삶은 인생에서 정말 중요한 게 무엇인지, 우리가 무엇을 놓치고 있는지를 깨닫게 해주는 시간이었다.

내 삶의 우선순위를 정하기 위한 시간

삶에서 정말 필요한 건 무엇일까? 어느 정도가 있어야 삶을 잘 살아갈 수 있을까? 소로가 월든에서의 삶을 통해 찾으려고 했던 주제였다. 먼저 소로는 월든 호숫가에 직접 집을 지었다. 집에 들어간 비용은 약 30달러였는데, 19세기 미국에서의 1달러는 오늘날 약 30달러의 가치로 환산된다. 결국 그는 약 900달러 한국 돈 100만 원 남짓의 돈으로 집을 마련한 셈이다.

소로의 통나무집은 전혀 화려하지 않다. 그 집에는 벽난로 하나와 책상 두 개, 의자 세 개와 침구 하나가 전부였다. 그는 사람들이 집을 사는 데 대출을 받고 비싼 집을 사는 이유는 이웃에게 부끄럽지 않고 자랑할 만한 곳에서 살아야 하기 때문이라고 생각했다. 그에게 필요한 것은 온기를 유지하는 데 필요한 보금자리였을 뿐이다.

통나무집에 살면서 소로는 자연에서는 믿을 수 없을 만큼 적은 수고로 필요한 식량을 얻을 수 있다는 점도 깨닫게 되었다. 옥수수를 살짝 데쳐서 소금을 뿌린 정도의 소박한 식사로도 충분히 만족했으며, 이 정도의 식사만으로도 건강과 체력을 유지할 수 있음을 알게 되었다. 사치하지 않는다면 6주 정도만 일해도 1년 동안 생계를 유지할 수 있는 비용을 벌어 살아갈 수 있다는 점도 배웠다.

그렇게 소로는 사치를 포기한 대신 여유로운 시간과 누구에게도 간섭받지 않는 삶, 그리고 원하는 날까지 편하게 지낼 수 있는 안락한 집을 얻게 되었다. 월든 호수에서 집을 짓고 농작물을 경작하는 행동은 소로에게 그저 즐거운 일이었다. 소로는 말했다. "나는 신념과 경험에 의하여 다음과 같은 확신을 품고 있다. 우리가 소박하고 현명하게 생활한다면 이 세상에서 생계를 유지하는 것은 힘든 일이 아니라 오히려 즐거운 일이라는 것을 말이다."

소로가 월든에서의 삶을 통해서 다른 이들에게 알리고자 한 것은 '무조건 이렇게 살라'는 게 아니었다. 그는 통나무집에서의 삶의 방식이 인생의 절대적인 답이라고 생각하지 않았다. 그가 제시한 월든에서의 삶도, 남들이 말하는 전형적인 성공한 삶도 그저 삶을 살아가는 한 방법에 불과할 뿐이다. 소로 같은 삶의 모습도 있고, 내가 모르는 또 다른 길이 있을 수 있다. 무조건 남들이 원하는 집과 자동차, 명품으로 도배 된 옷장이나 장신구만이 삶의 정답은 아니라는 이야기다.

소로는 "사람들이 성공한 삶이라고 생각하며 칭찬하는 삶은 그저 삶을 살아가는 한 방법에 불과하다. 그런데 다른 모든 방식의 삶을 짓밟아 가며 하나의 삶만을 과대평가할 이유가 어디에 있는가?"라고 말하기도 했다.

이 세상에 존재하는 사람의 수만큼 삶이 제시하는 길은 다양하다. 그러니 각자 자신의 길을 걸어가면 된다. 그는 다양한 삶을 사는 사람들이 많이 존재하기를 원했다. 그래서 가족이나 다른 사람의 방식을 따르지 말고, 자기만의 고유한 길을 신중하게 찾아내 꾸준히 걸어가기를 권했다. 특히 젊은 사람들은 집을 지을 수도, 나무를 심을 수도 있으며 멀리 항해를 떠날 수도 있으니, 그들이 하고 싶다는 일을 방해하지 말아 달라고 이야기하곤 했다.

어떤 일이 벌어져도
인생의 답은 결국 나로부터 나온다

Chapter 2 나에게 주어진 삶의 의미에 대하여

물론 월든 숲에서의 삶만이 그의 전부는 아니었다. 헨리 데이비드 소로는 1817년 뉴햄프셔주 콩코드에서 태어났다. 그는 그렇게 대단한 가문에서 태어난 건 아니었다. 아버지는 소규모 연필 제조업자였고, 어머니는 선생님이자 작가였다. 대신 그의 가족은 끊임없이 문학과 예술, 철학, 신앙 등에 관한 토론을 했으며, 캠핑이나 등산, 낚시 등 자연과 함께하는 다양한 활동을 즐겼다. 이러한 가정환경은 소로로 하여금 자연을 비롯한 다양한 학문에 관심을 두도록 만들었다.

1833년 하버드 대학교에 입학한 소로는 여전히 공부를 좋아했지만, 정작 학점에는 무관심했다. 그는 오로지 자기가 원하는 책을 도서관에서 읽을 뿐이었다. 그렇게 그는 1837년 평균 수준의 성적으로 대학을 졸업한 뒤 콩코드의 그래머 스쿨에서 교직 생활을 시작한다. 그러나 보수적인 분위기의 교직 생활이 맞지 않았던 탓에 일을 시작한 지 일주일 만에 교사를 그만두고 만다. 그 뒤로도 소로는 연필 제조업, 측량 업무 등에 종사했지만 특정한 직업에 정착하지는 않았다.

1840년대에 접어들면서 소로는 시인의 길을 걷게 되는데, 이러한 결정을 내리게 된 계기는 바로 1837년 랄프 왈도 에머슨과의 만남이었다. 그렇게 에머슨은 '자기 신뢰'라는 자신의 철학을 실천해 낼 수 있는 진정한 제자를 만났고, 소로는 에머슨에게서 스승이자 아버지, 그리고 친구로서의 모습을 발견한다. 특히 소로는 에머슨으로부터 일기를 쓸 것을 권유받기도 했는데,『월든』은 2년 2개월의 숲속 생활을 기록한 일기를 토대로 한 결과물이었다.

소로의 일생은 자연과 인생의 진실에 대한 탐구로 가득했다. 그는 노예 제도 폐지에 적극적으로 동참했으며, 멕시코 전쟁에 반대했다. 이를 위해서 인두세 납부를 거부하기도 했고, 투옥을 당하기까지 한다. 그렇게 활발한 강연과 저술 활동을 펼치던 소로는 1862년 45세의 젊은 나이에 결핵으로 세상을 떠나게 되었다. 헨리 데이비드 소로의 사상은 톨스토이와 간디, 마르틴 루터 킹, 넬슨 만델라 대통령을 비롯해 많은 이들에게 영감을 주었다. 또한 법정 스님의 '무소유' 정신에도『월든』의 생각이 깃들어 있다.

'나'로 가득 차기 위한 고독

소로의 삶은 온전히 자신만의 시간으로 가득했다. 그는 나만의 길을 가기 위해서는 자기 자신과 만나는 시간이 꼭 필요하다고 생각했다. 이때 내가 나를 만나는 시간을 우리는 '고독'이라고 부른다.

혼자 있는 건 어쩌면 외롭다는 감정에 고통받는 시간이 될 수도 있다. 삶에서 어려운 문제가 생겼을 때 힘듦을 토로하고 기댈 사람이 없다면 외로움을 느끼게 된다. 결혼했더라도 배우자가 나를 이해해 주지 않으면 외롭고, 결혼하지 않았다면 혼자 있음에 괴로움을 느낀다. 형제자매가 없으면 없는 대로 외롭고, 형제자매가 있어도 갈등이 많으면 있는 대로 고통받는다.

외로움이라는 감정을 이겨내고, 나의 삶의 근원을 만날 수 있는 행위가 바로 고독이다. 고독은 내 안에서 나를 만나는 시간이다. 그렇기에 고독을 즐기는 순간 더 이상 외롭지 않게 된다. 세상 그 누구도 나를 이해하지 못할 때, 내가 나를 위로하고, 이해해 주는 유일한 존재가 된다.

고독은 무언가를 낳는 창조의 씨앗이 되기도 한다. 세계적인 작가의 상당수가 사람들과 잠시 거리를 두고 혼자 있음으로써 자신만의 작품을 만들어 냈다. 소로 역시 고독을 선택함으로써 작가가 될 수 있는 환경을 마련했다. 그 덕분에 그는 수백 년의 세월을 넘어서 현대 사회에 영향을 주는 위대한 생각들을 남길 수 있었다.

나는 주로 혼자 시간을 보내는 것이 유익하다고 생각한다. 아무리 좋은 사람이라도 같이 있다 보면 금방 지루해지고 주의가

산만해진다. 고독만큼 같이 지내기 좋은 친구를 아직 찾아내지 못했다…평범한 사교 모임의 값어치는 너무 저렴하다. 사람들과 너무 자주 만나는 바람에 서로를 위한 새로운 가치를 획득할 시간도 확보하지 못하게 된다…. 우리는 너무 자주 만난다. 그 결과 서로를 존중하는 마음을 잃어버렸다. 조금 더 시간을 두고 만나도 충분히 생산적인 소통을 할 수 있을 텐데 말이다.

– 소로

소로는 홀로 있는 시간의 가치를 강조했다. 현대를 살아가는 우리는 너무 많이 만나고 소통하며 그 결과 서로를 끊임없이 방해하게 된다. SNS를 통해 누가 무엇을 하고 있는지, 결혼은 했는지, 해외여행은 어디로 갔는지, 이성 친구는 잘 만나고 있는지 금세 파악하고 물어볼 수 있다. 미디어는 수억을 호가하는 명품과 건물의 매매, 각종 열애설 등 연예인에 대한 뉴스와 가십들을 끊임없이 실어다 나른다. 그 결과 나의 내면은 남들이 어떻게 사는가에 끊임없이 영향을 받게 되고, 나의 평범한 삶은 점차 색이 바래간다. 나의 고독은 계속해서 세상의 방해를 받는다.

소로가 살았던 19세기 미국에서 가장 중요한 소통 수단은 우체국과 신문이었다. 그 역시 끝없이 찾아오는 신문과 편지들로 인해 고독한 시간을 빼앗긴다고 생각했다. 그에게 있어 세간에 떠도는 소문이나 가십은 부질없는 소음일 뿐이었다.

나는 우체국이 없어도 편하게 살 수 있을 것 같다라는 생각을 했다. 지금까지 우푯값을 할만한 편지를 한두 통밖에 받아보지 못했던 것이다…. 신문에서도 기억할 만한 소식을 읽었다는 기억이 없다. 누군가 강도를 만났다거나 살인을 저질렀거나, 사고로 죽었다는 소식들, 어떤 집에 화재가 났고, 배가 침몰했고, 어떤 미친개가 사람을 물었고, 겨울철에 메뚜기 떼가 났다는 소식은 한 번 읽고 나면 다시 읽을 필요가 없는 소식들이었다.

－『월든』

세상의 가십과 뉴스에 내 고독의 시간을 빼앗기는 이유는 '비교하고자 하는 욕망'에서 나온다. 내 연봉이 상위 몇 퍼센트인지, 내가 갖고 있는 것들이 다른 연예인들도 좋아하는 것들인지, 내가 다니는 회사가 사회적으로 어느 위치에 있는지 등을 끊임없이 비교하면서 나의 존재감을 증명하려 한다. 그러나 소로는 이러한 비교를 통한 자기 존재의 증명을 반대했다. 고독을 통해서 나의 진짜 모습을 직접 만나는 것이 필요함을 알았다.

홀로서기 철학

진실로 바라건대 당신 내부에 있는 신대륙과 신세계를 발견하는 콜럼버스가 되어라. 각자는 하나의 왕국의 주인이며, 그에 비하면 러시아 황제의 대제국은 보잘것없는 작은 나라, 얼음에 의해 남겨진 풀 더미에 불과하다.

나의 내면에 있는 것들을 발견한다는 건, 내가 무엇을 원하고 있는지 정확하게 이해하는 것을 말한다. 다른 사람들이 원해서가 아닌, 내가 추구하고자 하는 욕구가 무엇인지를 분명하게 깨닫는 것이다. 내가 무언가를 원한다고 했을 때 남들의 시선을 의식한 것이 아닌, 철저하게 나의 내면에서 올라오는 즐거움과 재미를 만끽할 수 있어야 한다.

그림을 보더라도 화가가 유명하고 널리 알려진 역사적인 작품이라서가 아니라, 내가 정말 좋아하는 느낌에 주목하는 것이다. 내면에서 올라오는 나만의 느낌에 따라서 관심을 가져본다. 그것이야말로 진실하고 정확한 나의 순수한 욕구라 할 수 있다.

아이러니하게도 나의 참된 욕망을 잘 찾아냄으로써 시간과 돈을 낭비하지 않게 된다. 소로가 크지 않은 비용으로 2년을 넘게 통나무집에서 살 수 있었던 것도 자기 자신이 만족하는 수준을 정확하게 파악하고 있었기 때문이었다. 물론 그에게 좋은 곳에서 살고 싶고, 더 좋은 것을 먹고 싶은 욕구가 전혀 없었던 것은 아니었다. 다만 얽매이지 않는 자유가 다른 삶의 요소들보다 더 중요했기에, 이에 맞는 환경들을 구축했던 것뿐이다.

> 그대의 눈을 안쪽으로 향해보라. 그러면 그대의 마음속에서 아직 발견되지 않은 천 개의 지역을 발견하게 되리라. 그곳을 여행하여 마음속 우주학의 전문가가 되어라.
>
> - 소로

소로는 숲에 들어갈 때만큼이나 중요한 이유로 숲을 떠났다. 그에게는 살아야 할 또 다른 몇 개의 삶이 아직 남아 있었다. 그렇기에 숲에서의 삶에 모든 시간을 할애할 수 없었다. 이 또한 자기 자신만의 선택이었다. 숲에 들어오는 선택도 그랬고, 숲에서 나오는 것도 마찬가지였다. 숲에서 보낸 2년여의 세월은 소로에게 있어 자연이 주는 즐거움을 마음껏 만끽할 수 있었던 시간이었다.

그에게 자연은 친구였고, 휴식처였으며, 치료제였다. 월든 호수를 떠나고 7년 뒤, 자연에서의 깨달음을 토대로 소로는 『월든』을 출간하게 된다. 때문에 『월든』에는 자연에 대한 찬양이 가득하다.

형언할 수 없이 순수하고 자애로운 자연은, 해와 바람과 비 그리고 여름과 겨울은, 우리에게 언제나 건강과 활기를 준다.

－『월든』

꼭 월든 호수에 들어가지 않아도 된다. 소로에게 월든 호수가 있었듯이, 나만의 자유로움으로 가득한 어떤 공간이 있으면 그것으로 충분하다. 그게 우리 각자의 월든 호수가 될 것이다.

우리가 꿈꾸는 방향으로 자신 있게 나아가며 머릿속으로 상상하던 삶을 살려고 노력하면, 평범한 삶을 살 때는 생각지도 못한 성공을 만나게 된다는 것이다. 그때 우리는 어떤 것들을 잊고 보이지 않는 경계를 넘어갈 것이다. 새롭고 보편적이며 훨씬 더 자유로운 법칙이 주변에서, 또 우리의 내면에서 자리 잡게 될 것이다.

Chapter 3
물 흘러가듯 사는
삶에 대하여

3.1

인생은 잘 놀다 가는 것

_장자

현명한 사람은 옳고 그름을 가리는 대신 하늘의 뜻을 살핀다.

 – 장자

우리는 무엇을 위해 사는가. 무엇 때문에 공부하고 무엇을 위해서 열심히 일하는가.

좀 더 풍요롭게 살기 위해서? 더 행복하게 살기 위해서?

한 가지 분명한 사실은 '삶은 한정되어 있다'라는 것이다. 그래서 우리는 하루, 한 달, 일 년을 더 잘 살아내야 한다.

잘산다는 것에 대해서 장자莊子는 말했다. '인생에서 잘 산다는 건 잘 놀다 가는 것'이라고 말이다. 여기서 잘 논다는 건 '완전한 자유'를 말한다. 자유롭다는 건 부, 명예 등 다양한 욕망으로부터의 자유로움을 말한다. 나에게 일어나는 일들에 일희일비하지 않고 온전히 나 자신으로 사는 것이다. 또한 외부로부터 흘러들어오는 고정관념, 사상, 생각들로부터 내가 영향을 받지 않게 되는 것이다.

하지만 자유로움을 얻는 것은 쉽지 않다. 욕망과 집착 때문이다. 우리는 돈, 명예, 인정, 타인의 평가에 쉽게 집착하곤 한다. 자기 자신을 잃어버릴 정도로 말이다. 결국 삶에서 홀로 선다는 것은 이러한 집착에서 자유로워지고 삶을 더욱 잘살 수 있게 된다는 것을 의미한다.

삶을 망가뜨리는 욕망

우리가 대표적으로 집착하는 것 중 하나로 '돈'이 있다. 돈은 우리 삶에서 많은 것을 가능케 한다. 사람들은 부유한 사람에게 모이고 머리를 숙인다. 현대사회에서는 부자가 되는 것만으로 특별한 사람이 될 수 있다. 그 사람이 하는 말은 명언이 되고, 부자들의 행동은 자연스럽게 화제를 낳는다.

하지만 장자는 지혜 없이 눈앞의 이욕을 탐하는 걸 경계했다. 어떤 부자는 자기 몸을 괴롭혀 가며 부지런히 일해서 많은 재산을 쌓았지만, 미처 건강을 챙기지 못하여 재산을 제대로 써보지도 못하고 눈을 감는다. 이는 잠시의 육신을 위한 가짜 즐거움이다.

우리는 종종 부자가 되었음에도 마음이 공허하고, 불안에 시달리다가 삶의 균형이 무너지는 이들의 이야기를 접하곤 한다. 그들은 부자가 되고 싶은 마음에, 죽도록 노력하여 재물을 쌓고, 그 꿈을 이루었지만 결국 삶이 실패했다고 생각한다.

장자는 '현재의 즐거움에 사로잡혀 정욕을 채우는 일은 결국 삶을 망가트린다'고 말한다. 부와 명예를 이루었음에도 늘 잃을까 두려워한다. 누군가가 나에게 사기를 칠까, 혹여 집에 도둑이 들지는 않을까 걱정한다. 집에는 갖가지 보안 시설을 설치하고, 자유롭게 밖을 돌아다니기 어렵다. 지금까지 쌓아온 명예로 인해 자유롭게 행동하지도 못한다. 이처럼 명예나 재물에 얽매여 휘둘리는 삶은 그저 안타까울 뿐이다.

장자는 또한 우리가 물질적인 것뿐만 아니라 특정 가치관에 집착하는 것도 경계했다. 아무리 숭고하고 멋있어 보이는 가치관이라고 해도 그것에 집착하는 순간, 그 반대되는 사람들과 모두 적이될 수 있기 때문이다. 이러한 가치관에 대한 집착은 최근 직장에서 '꼰대'라는 모습으로 회자되기도 한다. 직장인마다 자기가 옳다고 믿는 행동 양식들이 다르다. 하지만 고정된 생각에 집착하는 순간,

그렇게 행동하지 않는 모든 이들의 행동이 잘못되었다고 몰아세우게 된다.

옳고 그름은 상대적이다. 자신이 진정 옳다고 생각해서 말했더라도 상대방의 생각과 다르면 정답이 아니라고 평가받는 상황도 벌어진다. 이때 진실은 그렇게 중요하지 않다. 장자는 말한다. '자신의 신념에 남을 평가하고 잣대를 대는 것은 진실로 옳음을 추구하는 행동이 아니며, 그저 자신의 욕망과 집착의 변형된 부자연스러운 모습일 뿐'이라고 말이다.

역사적으로 전쟁에서 수십만 명을 죽인 사람들 역시 자신의 신념과 명분을 신봉한 사람들이었다. 장자는 '옳고 그름이라고 인식되는 것은 모두 상대적인 가치'라고 말한다. 심지어 의로움, 착함, 성실함, 믿음 등과 같이 이롭다고 여겨지는 개념들조차도 말이다. 의로움과 성실한 행동일지라도 이 역시 결국은 나만의 기준일 뿐이다. 집착하는 순간 자기합리화되고 변질된 욕망으로 인식된다.

집착하고 속박될수록 우리는 자유로움으로부터 멀어지고, 부자연스러운 삶을 살게 된다. 그렇다면 우리가 자유로워지기 위해서는 어떻게 해야 할까?

무엇이 당신의 본질인가

장자는 집착에서 벗어나는 일을 '내기 활쏘기'에 빗대어서 설명했다. 흔히 구할 수 있는 질그릇을 상품으로 내걸고 내기를 하면 화살이 목표물에 잘 맞는다. 하지만 보석이나 허리띠 장식을 걸면 목표물을 맞히기 어려워진다. 심지어 황금을 걸게 되면 화살은 목표물과 멀리 떨어진 곳에 날아가게 된다. 값비싼 상품에 마음이 흔들리기 때문이다.

활쏘기의 본질은 목표물을 정확하게 조준해서 맞추는 데 있다. 그런데 금품이 걸리면 우리는 쉽게 마음이 흔들리고 어느새 본질을 잊게 된다. 눈앞의 목표물보다 값비싼 상품에 집착하게 되기 때문이다. 그래서 장자는 마음을 비우고 고요하면 더 잘 움직이게 되고, 삶이 뜻대로 된다고 설명했다. 그는 '욕심을 제거하고 마음을 안정시키는 것이 첫 번째로 해야 할 일'이라고 말했다.

자유롭다는 건 우리가 본질에 집중하는 걸 말한다. 부자가 되는 것 역시 더 자유로운 삶을 위한 수단에 불과하다. 부자가 되더라도, 돈에만 집착하면 재산은 곧 족쇄가 되고 얽매임의 대상이 된다. 결국 인생의 본질인 자유에서 멀어지게 된다.

장자는 마음을 비우고 평온한 마음을 유지할 때 비로소 자유가 찾아오고 일이 뜻대로 될 수 있다고 생각했다. 마음을 비운다는 건 내 생각 속의 나를 없애는 일이다. 이를 위해서 꾸밈없고 자연스러운 본연의 나로 돌아가야 한다. 자연스러운 삶에 나를 맡길 때 나자신조차 잊을 수 있다.

이는 현대적인 관점에서 명상의 개념과 가깝다. 명상에서 '참나'라는 개념은 현재의 나에게 집중함을 의미한다. 우리는 오늘도 오만 가지 상념에 빠져 살아가고 있으며 그러한 행위를 완전히 멈춘다는 건 불가능하다. 따라서 상념을 잊으려고 노력하는 대신 지금 나의 의식을 호흡에 집중해 보자. 숨을 들이마시고 내쉬는 행위에 온 신경을 집중하는 것이다. 이렇게 되면 나 자신을 온전히 잊고 나의 호흡만이 느껴지게 된다. 이 같은 행동을 지속하게 되면 나의 감정이 평온해지고, 삶의 번뇌에서 자유를 얻게 된다. 명상의 효능은 여러 과학자가 연구 결과를 통해 증명하고 있다.

명상은 장자가 말하는 '자기 자신을 잊는 상태'와 유사하다. 온갖 생각과 집착에서 자유롭고 그저 고요하고 평온한 상태 말이다. 그곳에는 어떤 개념이나 고정관념 같은 것들이 존재하지 않으니 이는 곧 무위자연이다. 옳고 좋은 것도, 또 누군가를 평가하고 판단하지도 않는다. 자신을 잊고 세상에 독립적으로 존재하기에 그 무엇으로부터 어떠한 영향을 받지 않는다.

유용의 이면, 무용의 이면

좋음과 싫음, 행복과 불행을 판단하는 것은 어디까지나 나 자신이다. 환경에 휘둘리지 않고 그저 온전한 내가 되어 살아간다. 조건부 행복이 아니라 존재 자체로 즐거움을 느끼게 된다. 매일 즐겁기에 더 잘 놀게 되고 삶의 많은 순간에 더 잘 살게 된다. 결국 인생을 잘 놀다가 어느 시점이 되었을 때 홀가분한 마음으로 떠날 수 있게 된다.

장자 역시 자신만의 자유로움을 누리면서 삶을 살았다. 장자는 기원전 365년에 태어나 기원전 290년까지 살았다고 알려져 있다. 그가 살던 춘추전국시대는 혼란과 변화의 시기였다. 부족에서 도시 단위의 국가들이 치열하게 경쟁하였으며, 하루가 다르게 국가의 주인이 바뀌었다. 대지에는 늘 혼란이 가득했다.

장자가 태어난 곳은 송나라에 있는 몽蒙으로 추정되는데, 젊은 시절 그곳에서 관리직을 했다고 전해진다. 전국시대는 유능한 인재를 끊임없이 필요로 하는 시기였으므로 장자의 명성을 들은 초나라의 초위왕楚威王은 그를 초대해 재상으로 삼으려고 했었다. 하지만 초위왕이 보낸 많은 예물과 재물을 가져온 사자에게 장자의 답변은 거절의 의사를 밝혔다고 한다.

장자는 말했다.

"그대는 제물로 바쳐지는 소를 본 적이 있소? 오랜 기간 맛있는 여물을 먹이고, 비단으로 몸을 감싸놓은 그 소 말이요. 하지만 결국 제물로 바쳐지고 말지요. 이때 소가 발버둥 치고 본인이 뛰놀던 들판을 생각하면 무슨 소용이겠소. 마찬가지로 내가 자유롭게 살고 있는 것을 방해하지 마시오. 어서 돌아가고, 더 이상 나를 욕되게 하지 마시오. 자유를 속박당하느니 차라리 더러운 시궁창에서 놀고 싶으니 그저 나를 내버려 두시오."

또한 장자는 쓸모가 있고 없음에 관한 일화를 남기기도 했는데, 이 이야기는 오늘날 현대인들에게 귀중한 가르침을 준다.

"너구리를 잡는 사냥개는 그 재능으로 인해 줄에 묶여서 살게 되고, 사냥감이 떨어지면 사람에게 결국 잡아 먹히고 만다. 민첩한 원숭이는 활동반경이 넓어서 이곳저곳을 돌아다니다 숲에서 발견되어 사람에게 결국 사로잡히게 된다. 너구리나 살쾡이는 닭이나 쥐를 잡으려고 부지런히 뛰어다니다가 결국 덫이나 그물에 걸려서 죽고 만다."

마치 옛날이야기처럼 느껴지는 이 비유는 현대사회에서도 어렵지 않게 적용될 수 있다. 회사에서 말 잘 듣고 일 잘하는 직원은 어떻게 될까? 상사의 총애와 함께 더 많은 업무를 부여받게 된다. 상사로서는 어떠한 일을 시켜도 고분고분 해내는 데다 결과도 좋

세상 모든 집착에서 벗어나는 순간
인생은 재미로 가득하게 된다

기에 일을 더 시키지 않을 이유가 없다. 그 직원은 회사에 있어 매우 쓸모 있는 사람이다.

물론 일 잘하는 직원은 많은 업무를 소화한 결과 좋은 평가와 초고속 승진, 높은 연봉 인상률이라는 보상을 얻을 것이다. 하지만 보상이 크면 클수록 자유와 멀어진 채 회사와 일에 더 구속되고 만다. 계속되는 승진과 높은 연봉이 족쇄가 되어 회사에 대한 의존도도 늘어나게 된다.

설령 아무리 노력하고 좋은 성과를 올렸어도, 언젠가 회사에서의 쓸모는 끝나게 된다. 세월의 풍파 속에서 나이가 들수록 체력과 함께 성과는 점차 떨어지고 퇴직을 걱정하기 시작한다. 한때 누구보다 유능한 직원이었던 그는 이제 자신의 쓸모가 언제 끝날지 모른다는 불안 속에서 하루하루를 견뎌내게 된다.

장자는 쓸모가 없는 삶이 좋은 삶이라고 이야기한 것이 아니다. 다만 그가 경계한 것은 작은 쓸모에 집착하느라 본연의 삶을 놓치게 되는 어리석음이었다. 이것이 바로 장자 사상의 핵심이다. 쓸모가 있고 없고라는 개념으로부터 자유로워져야 한다. 우리는 우리의 생각보다 할 수 있는 것도, 해낼 수 있는 것도 많다. 타인의 쓸모에 얽매이지 말고 스스로의 쓸모를 자유롭게 바꾸고 발견하며 만들어 가는 주인의 삶을 살아야만 한다.

찰나의 자유로움

물론 살아가면서 부정적인 생각들이 나의 마음을 옭아맬 때도 있다. 불안, 초조, 우울, 분노의 감정들이 꼬리에 꼬리를 물고 마음을 휘젓는다. 감정과 연결된 생각은 내가 무언가를 할 때마다 '난 못할 것 같아', '역시 노력해도 안 되는 건 안 되는 거야', '아무도 날 좋아하지 않아', '난 누가 봐도 별로야'와 같이 부정적으로 변질되어 우리의 삶을 피폐하게 만든다.

누구에게나 '마음 주머니'가 있다. 그리고 마음 주머니에 얼마나 많은 불순물이 있느냐에 따라 어려움을 견딜 수 있는 정도가 다르다. 평소에는 마음에 불순물이 많아도 바닥에 가라앉아 있어 잘 느끼지 못하지만, 누군가 내 마음을 건드려 주머니가 요동칠 때면 온통 흙탕물이 되어버린다. 사람마다 불순물의 양과 크기가 다르기에, 가라앉아 다시 잠잠해지는 데까지 걸리는 시간 역시 다르다.

불순물이 가득한 마음 주머니를 달고 있다는 건 그만큼 인생이 가볍지 못하고 자유롭지 못한 상태임을 의미한다. 그만큼 부정적인 감정과 기억들은 수시로 떠올라 나를 분노케 하거나 무너뜨리기도 한다. 우리는 왜 이렇게 마음의 불순물을 쌓으며 살아가는 걸까?

우리는 '순간을 사는 존재'라고들 한다. 지금 살고 있는 순간은 시간에 따라서 계속 나를 지나가고 있다. 시간이 흘러가듯 순간도 흘러간다. 우리 눈앞에 지나간 순간들은 다시는 볼 수 없다. 끝없이 흘러가는 순간 속에서 어떻게 행동하는가에 따라 우리 삶은 완전히 달라진다. 고요하고 평온해질 수 있고, 불안하고 우울할 수도 있다.

출근을 위해 지하철을 탔다고 생각해 보자. 사람들은 계속해서 나를 스쳐 지나간다. 내 눈앞에는 앉아 있는 사람, 서 있는 사람, 정거장에서 내리는 사람과 올라타는 사람…나는 그들이 움직이는 장면을 가만히 바라보고 있다. 지하철이 속도를 내면서 정거장은 수시로 바뀐다. 순간들이 흘러가고 있지만 나는 조용히 지하철에서 들려오는 소리, 보이는 풍경, 그리고 나의 몸에서 느껴지는 다양한 감각들에 집중하고 있다.

이처럼 현재에 집중하는 순간은 고요하고 평온하다. 이는 장자의 '심재心齋', 즉 마음을 비우는 상태와 유사하다. 모든 생각들을 비워내고 내 삶은 편안하게 흘러가고 있다. 이때 모든 순간은 나에게 주는 선물 같은 경험들이다. 이를 깨닫는 순간 삶은 한없이 가벼워진다. 지금이라는 순간에 머물기 때문에 나의 삶은 어떠한 집착이나 부정적인 생각들 없이 부드럽게 흘러갈 수 있다.

그러나 곧바로 마음의 고요가 깨지는 순간이 찾아온다. 다른 열차 칸에서 걸어오는 직장 상사를 발견했기 때문이다. 회의 시간에 팀원들 앞에서 나에게 면박을 주었기에 그 상사가 나는 불편하다. 어느새 내 눈은 상사에게로 '고정'된다. 나는 여전히 지하철을 타고 있지만, 더 이상 내 눈에 주변 풍경은 들어오지 않는다. 더는 아무런 소리도 들리지 않고, 내 모든 신경은 상사의 행동에 집중된다. 그와 아무리 거리가 있더라도, 그가 나를 발견하지 못했더라도 나의 마음은 이미 상사에 고정되어 그에 관한 생각으로 가득하다.

나를 가볍게 하는 알아차림

어떠한 생각으로 머릿속이 가득 차 더 이상 순간을 느끼지 못하게 되었을 때. 바로 우리의 마음에 문제가 발생하는 지점이다. 하나의 상념에 고정됨으로써 흘러가는 나의 순간이 멈추어 버리고 만다. 바로 장자가 말했던 '스스로 생각에 얽매여 있는 상태'다. 마음을 비우지 못하고 부정적인 과거에 대한 생각으로 가득 차 있기 때문이다.

눈앞에 현실이 흘러가듯 지나갈 때, 나의 삶은 한없이 가벼워진다. 이 상태에서 우리의 마음은 아무 문제 없이 작동한다. 이를 '현재에 머무르는 상태'라고 표현한다. 바로 '마음챙김'에서 추구하는 개념이다. 어떠한 개념이나 물욕에 집착하지 않고 나 자신조차 잊어버린다. 이곳에서 나는 오롯이 나 자신이 된다. 본래 고요하고 평온한 존재로 돌아갈 수 있다.

그렇게 우리는 가볍고 자유로운 상태가 된다. '좋다', '싫다', '나쁘다'와 같이 주위를 평가하지 않고 그저 있는 그대로 존재한다. 하지만 순간에 존재하면서 가볍게 살던 우리는, 과거의 부정적인 경험에서 비롯된 생각으로 인해 평온함을 방해받게 된다. 흔히 마음챙김에서 '저항'이라 부르는 것들이다. 부정적인 생각이 저항으로 불리는 이유는, 그것이 우리 삶에 있어 족쇄같이 작용하여 우리가 하고자 하는 것을 무던히도 방해하기 때문이다.

이렇게 현대심리학에서는 우리를 갉아먹는 생각이 과거의 경험으로 만들어진다고 설명한다. 과거의 경험이 특정한 상황 속에서 방아쇠가 되어 부정적인 생각들이 떠오르게 만드는 것이다. 이런 부정적인 생각들이 내 머릿속에 자주 떠오르고 오랫동안 지속되면 우리는 불안함에 시달리거나 우울증에 빠지게 된다. 심지어 이러한 생각의 몸부림은 우리의 능력을 제한하기까지 한다.

대부분은 수많은 관중 앞에서 발표해야 할 때 긴장하게 된다. 목소리가 떨리거나 머릿속이 새하얗게 변하기도 한다. 이는 우리가 온전히 발표에 집중하지 못한 채, 눈앞에 있는 사람들의 반응에 마음이 향하기 때문이다. 마음속에서 끊임없이 '저 사람 표정 봐. 내 발표가 형편없는 게 분명해', '발표를 망치면 어떡하지'와 같은 부정적인 생각들이 쌓여 마치 쇠사슬처럼 나의 능력을 제한한다. 이렇게 과거의 부정적인 경험이 쌓이다 보면 어느새 평소에도 불안과 걱정의 감정이 올라오게 되고, 이 순간 내가 하고자 하는 것들을 방해하기 시작한다. 결국 매 순간 나의 능력은 과거의 경험에 제한당하고 마는 것이다.

인지행동 치료에서는 우리가 불안을 느낄수록 현실을 왜곡해서 해석한다고 정의한다. 부정적인 생각이 가득할수록 지금 벌어지는 일을 정확하게 이해하지 못하고 틀리게 해석한다는 것이다. 그로 인해 일상에서 소통의 오류가 발생하기 시작한다. 타인의 말을 왜곡하거나 잘못된 판단을 내린 채, 그게 옳다고 맹신하게 된다. 그렇게 불안은 우리의 삶 구석구석에서 제약을 낳는다.

그래서 부정적인 생각과 감정에 내가 구속당하지 않은 채 살아가야 한다. 그래야 삶의 모든 면에서 더 자유로울 수 있다. 새가 하늘 위로 날아오르기 위해서는 먼저 몸을 가볍게 해야 한다. 그리고 바람의 흐름을 따라야 한다. 바람에 저항하려 할 때 새는 어김없이 추락한다. 여기서 저항은 부정적인 생각이며, 바람에 흐름을 따르는 것은 순간을 살아냄을 의미한다. 그렇다면 구체적으로 어떻게 해야 순간을 살아갈 수 있을까? 딱 한 가지만 기억하자. 바로 '알아차림'이다.

마음챙김에서는 내면에서 올라오는 생각들을 그저 '알아차리는 것'만으로 우리의 참된 모습으로 돌아갈 수 있다고 말한다. 내 마음속에 부정적인 생각들이 올라올 때마다 '내가 지금 이런 생각을 하고 있구나'라고 알아차려 보는 것이다. 그 알아차림의 순간, 나를 붙잡고 있었던 생각이 저절로 흘러가게 된다. 알아차림으로 인해 나를 괴롭히던 생각이 사라지는 것이다. 부정적인 생각은 존재하지 않는 허상이다. 존재하지 않기에 알아차리는 것만으로 마음속에 응어리졌던 생각이 허무하게 사라진다.

우리의 삶은 본래 가볍고 자유롭다. 하지만 다양한 과거의 불명확한 부정적인 경험들이 쌓여 마음을 무겁게 만들고 우리의 삶을 제약하기 시작한다. 만약 나의 삶을 갉아먹는 집착이나 부정적인 생각들을 외면하지 않고 마주하며 알아차린다면, 우리는 오늘을 더 자유롭고 가볍게 살아갈 수 있을 것이다. 고요하고 평온한 모습이 우리의 원래 모습이기 때문이다.

부디 오늘도 우리가 마땅히 누려야 하는 순간의 선물들을 누리자. 그렇게 평온으로 가득한 순간들을 계속해서 맞이하자. 이것이 온전한 나 자신이 세상에서 자유롭게 살아가는 방법이기 때문이다.

3.2

애쓰지 않고 흘러가는 삶

_노자

도를 도라고 말하면 그것은 영원히 도가 아니게 된다. 이름을 이름이라고 부르게 되면 그것은 영원히 이름이 아니다. 없는 것은 이 세계의 시작이고 있는 것은 모든 만물의 이름이 된다. 욕심에서 벗어나면 감추어져 있는 본질을 볼 수 있고, 욕망에서 벗어나지 못하면 껍데기만 볼 수 있다. 이 두 가지는 같은 곳에서 나오지만 이름을 다르게 하는데, 같이 있는 그것을 현묘玄妙하다라고 한다. 현묘하고 또 현묘하구나. 이것이 바로 모든 것들이 들어오고 나가는 문이 되는 것이다.

– 『도덕경』 일장

오늘도 사람들에게 쫓기며 정신없이 살아간다. 가끔 여유가 생겨도 혼자만의 시간을 갖기보다는 꼭 누군가를 만나야 할 것 같은 불안감에 휩싸인다. 그렇게 누군가를 만나야 하는 마음이 들다가도 막상 만나면 스트레스에 시달리는 상황들이 생긴다. 인간관계에서 오는 스트레스는 어느새 내 인생이 소진되고 있는 것 같은 피로감으로 이어진다. 사람과의 관계는 내 맘대로 되지 않는 일들로 가득하기 때문이다.

사람들은 '통제하는 것'에 집착한다. 자연은 물론 주변 환경을 포함하여 예측하기 어려운 문제마저도 억지로 통제하려 애쓴다. 타인이 내 마음대로 움직여 주길 바라고, 어떤 일을 할 때 아주 작은 부분까지 관리하려고 한다. 이렇게 나에게 생기는 모든 상황을 신경 쓰려다 실패하게 된다면 지친 마음을 회복하지 못하고 결국 좌절한다.

붙잡지 않고 흘려보낸다

삶을 통제하고 집착할수록 나에게 남는 것은 불안과 좌절뿐이다. 중국 춘추시대를 살았던 초나라의 철학자 노자는 우리에게 삶을 통제하는 기존의 세계관을 버리고 다른 방향으로 나아가라고 말한다. 삶의 공허함을 인식하고 자연의 흐름으로 움직이면 어떠한 상황에 처할지라도 평화를 찾을 수 있다는 것이다.

노자의 가르침은 인간이 우주와 균형을 이루는 데 중점을 둔다. 우주적인 관점에서 바라보았을 때 인간의 인생은 그저 사소할 뿐이다. 그렇기 때문에 내가 집착하는 작은 것들을 내려놓아야 한다. 그리고 세상의 흐름에 맞추어 사는 것이 중요하다. 노자는 인생에서 집착을 어떻게 놓을 수 있는지 말해주었다. 노자의 대표적인 저서인 『도덕경』은 총 81장으로 구성되어 있는데, 그중 『도덕경』의 일장은 노자의 기본적 사상과 내용을 함축하고 있다.

도가도 비상도 道可道非常道, 명가명 비상명 名可名非常名

도를 도라고 부를 수 있으면 이것은 도가 아니게 되고,

이름을 이름이라고 부를 수 있으면

그것은 진정한 이름이 아니다.

노자가 일장에서 말하고자 하는 건, '특정한 개념이나 단어에 대해서 지나치게 집착하고 좁은 시야로 규정하는 것을 경계하자'라는 것이다. 우리는 세상을 개념으로 정의하여 바라보는 존재다. 내 눈앞에 펼쳐진 세상은 한없이 복잡하다. 당장 문을 열고 들어선 카페 안에는 무수히 많은 것들이 있다. 커피 머신과 테이블, 의

자, 바리스타, 커피 향 등 다양한 개념들로 구성된 이 공간을 우리는 '카페'라는 한 단어로 인식한다. 이처럼 우리는 실제로는 복잡한 세상 속 모습을 단순한 몇 가지 단어로 표현한다.

세상을 이렇게 정의함으로써 우리는 타인과 매우 효율적으로 소통할 수 있게 된다. 만약 카페라는 '정의'가 없었다면 복잡한 설명을 통해서 이를 타인에게 설명해야 했을 것이다. 이처럼 인간은 거의 모든 존재의 개념을 정리함으로써 한 단어로 간결하게 의미를 전달할 수 있다.

하지만 노자는 '인간이 정의한 단어는 세상의 모든 것을 온전히 담아내지 못하는 한계가 있다'고 꼬집었다. 예를 들어 우리는 종종 누군가를 게으르다고 평가할 때가 있다. 그렇게 한 번 프레임을 씌우고 나면, 그 후부터는 그 사람을 '게으른 사람'이라는 개념으로 인식한다. 하지만 과연 그 사람을 계속 게으른 사람으로 여기는 것이 올바른 평가일까?

우리가 게으르다고 평가 내린 그 사람은 원래 자기 삶 속에서 각고의 노력을 해온 사람일 수도 있다. 우연히 내가 그 사람을 만났던 그날만 게으른 모습을 보았을 수도 있다. 그 사람이 진정 게으른지 아닌지 판단하기 위해서는 그의 일생의 단 한 순간도 놓치지 않고 기록한 데이터를 분석해야 할 것이다. 이처럼 게으르다는 평가는 그 사람 인생의 극히 일부만 보고 판단을 내리는 것이다. 한번 게으름이라는 개념에 갇혀서 그 사람을 보기 시작하면, 그 사람이 과거 아무리 열심히 인생을 살았을지라도 편견에 사로잡히게 된다.

누군가를 규정하고 특정 개념에 갇히는 순간, 우리는 그 사람이 지닌 다양한 모습을 놓치게 된다. 편견으로 인해 내가 보고 싶은 모습만 보게 되기 때문이다. 이 같은 편향된 생각은 누군가를 평가할 때뿐만 아니라 삶에 있어서 다양한 판단을 내릴 때도 나타난다. 오늘날 한국 사회에 드리워진 혐오의 기류 역시 특정한 누군가를 개념으로 뒤집어씌운 뒤, 그 의견에 동의하지 않는 사람은 나쁜 사람, 동의하는 사람은 착한 사람으로 규정하는 '흑백논리'에 기반한다.

개념의 의미나 옳고 그름은 시대에 따라 끊임없이 변한다. 과거에 이상하고 어색하다고 규정되었던 개념이 지금에 와서는 일상에 평범하게 녹아든 경우도 많다. 과거에는 '혼자'라는 개념이 부정적인 것으로 인식되었다. 그래서 홀로 밥을 먹거나 독신으로 살아가는 사람을 이상하다고 여겼다. 하지만 오늘날 주위에서 홀로 살아가는 사람을 심심치 않게 만나볼 수 있다. 1인 가구를 위한 식당과 메뉴도 늘어나고 있고, 혼자 술을 먹을 수 있는 장소도 많아지고 있다.

노자는 이처럼 개념화된 것들에 집착하여 편협된 생각을 갖게 됨을 경계했다. 사람은 과거의 경험으로부터 특정한 개념이나 규정을 배운다. 이는 자기가 살았던 시대의 환경, 그리고 개인적인 주변 상황에서 경험하며 쌓은 것들이다. 그렇게 인간은 과거의 경험을 기반으로 판단하고 결정을 내린다. 살아가면서 그러한 기준이 하나둘 모여서 쌓이고, 그 결과 '이것은 이래야 되고 저것은 저게 맞다'는 편협한 규정들이 내 속에 모여 완성된다.

내가 옳다고 믿는 규범이나 신념, 예절 등은 지난날의 경험들이 모여서 스스로 만든 지극히 주관적인 판단의 기준이며 그저 과거의 잔재들이다. 하지만 내가 살아야 하는 건 현재다. 노자는 '나의 과거들이 모여 쌓인 개념이나 규정을 현재에 맞추려고 집착할수록 문제가 일어난다'고 가르쳤다.

내가 집착해 온 개념이 항상 맞지도 않을 것이며 언제나 맞을 수도 없다. 중요한 것은 자신만의 생각이 무조건 옳고 진리라고만 생각하지 말고, 다양한 관점으로 바라보는 자세다. 설령 유명하고 권위 있는 철학자나 유명한 학자가 어떠한 개념을 이야기했다고 해서 그것을 전부 옳은 진리로 받아들여서는 안 된다. 다만 본인의 관점을 넓히는 용도로 참고해야 한다. 그렇게 해서 더 유연하게 사고할 수 있는 토대를 마련해야 한다.

물과 같은 삶

『도덕경』 팔장에서 노자는 '물과 같이 살 것'을 말했다. 상선약수上善若水는 '최고의 선은 물과 같다'는 의미로 노자 사상에서 최고의 선이란 무엇인지 말해준다. 물의 속성은 '유연함'이다. 물은 그릇의 형태에 따라 맞추어 담긴다. 긴 유리컵에 넣으면 기다란 모양이 되고, 넓고 둥근 접시에 담으면 넓게 펼쳐진 모양으로 맞추어 변한다. 또한 물은 목적에 따라서도 유연하게 변한다. 편협되어 하나로 규정되지 않고 상황에 잘 맞춰서 유연하게 대응한다. 꽃병에 담긴 물, 물컵에 담긴 물, 씻기 위한 물과 같이, 물은 모양과 목적에 따라서 완전히 다르게 변한다.

또한 노자는 『도덕경』 팔장에서 '물은 만물을 이롭게 하며 그 공을 다투지 않는다'고 말했다. 그는 또 '모든 사람이 싫어하는 곳에 있는 것이 물이며 몸은 낮은 곳에 두고 마음은 깊은 곳에 두는 것이 또한 물'이라고도 말했다.

노자의 사상에서 기본적으로 물은 이 세상에 큰 이로움을 주는 역할을 한다. 이는 우리가 물처럼 유연하게 사고하되, 세상에 긍정적인 영향을 미치는 방향으로 행동해야 한다고 해석할 수 있다. 물역시 물길을 따라서 높은 곳에서 낮은 곳으로 순리대로 흘러간다. 세상의 흐름대로 그저 흘러가는 것이다. 따라서 삶에 어떠한 일이 일어나더라도 그 흐름에 맞춰서 대응하는 것이 물의 속성이다. 우리 삶도 물처럼 유연해야 한다.

노자가 말하는 물처럼 흘러가는 삶은 사람들과의 관계 속에서 오는 고통이나 트라우마에 대한 귀중한 조언을 건네주기도 한다. 인생에 있어 고통은 잊고 싶다고 해서 잊을 수 있는 것도 아니고 최선을 다해서 떨쳐내려고 해도 마음처럼 멀어지지도 않는다. 고통과 트라우마가 찾아오는 순간, 사람들은 자신이 너무 연약하여 그것과 직면할 수 없다고 단정 짓는다. 고통과 트라우마는 나를 쉬지 않고 괴롭히지만 직접 맞선다는 생각조차 하지 못하고, 그저 피해 다닌다. 그렇게 고통을 피하려다가 오히려 최악의 상황을 맞기도 한다.

어렸을 적에 누군가로부터 거절당하고 상처를 받았던 사람이 있다. 그는 상처받았던 기억 때문에 사람들과 관계를 형성해야 하는 순간이 오면 지나친 경계심을 품는다. 누군가에게 거부당하는 고통이 두려워 타인이 나를 어떻게 평가하는지에 온 신경을 기울인다. 상대방이 나를 싫어하는 낌새가 조금이라도 느껴지면 심한

세상의 자연스러운 흐름에 몸을 맡기는 순간
삶은 부드럽고 푹신하게 된다

좌절감과 모욕감을 느끼고 그 사람과 관계를 완전히 단절해 버린다. 심지어는 타인으로부터 어떠한 고통도 받지 않기 위해서 사회에서 완전히 떨어져 나와 은둔 생활을 하기도 한다. 그러면서도 마음 한편으로는 항상 사람들과 관계를 맺기를 바란다.

홀로 떨어져 타인으로부터의 고통을 회피하지만 결국에는 세상으로부터 홀로 떨어져 지독한 외로움이라는 또 다른 고통을 맞이하게 된다. 내 선택의 결과가 다른 방법으로 나를 고통스럽게 만들고, 또 그 선택을 자책하며 나를 미워하는 악순환이 반복된다. 고통을 피하려고 온갖 노력을 다 기울이기에 선택의 자유도 제한된다.

노자는 고통을 삶에서 떨쳐내려 하는 대신 있는 그대로 내버려두어야 한다고 말한다. 마치 물과 같이 내게서 자연스럽게 흘러가도록 말이다. 그는 우선 고통이 삶에 자연스레 찾아오는 것이라고 인정하고 직면해야 한다고 말했다. 그러고 나서 어떻게 고통을 다루어야 할지 그 방법을 배워야 한다고 강조했다. 고통을 피하려는 행위는 마치 강물에 놓인 바위에 매달리는 것과 같다. 바위에서 손을 떼고 강물의 흐름에 몸을 맡기면 자연스럽게 고통도 흘러가기 마련이다.

자연스럽게 고통을 내려놓고 흐름에 맡긴다는 의미는 지금 있는 그대로를 알아차리는 것과 연결된다. 고통받고 있다면 내가 무엇을 느끼고 있고 어떤 느낌인지 자신에게 물어보아야 한다. 스스로의 고통에 대해서 느끼려고 할수록, 고통의 본질에 다가가게 된다. 사실 내가 느끼는 고통은 실체가 없다. 그렇기에 고통을 인정하고 직시할수록, 그 고통은 연기처럼 사라지게 된다.

자연스레 행하고 자연스레 기다리다

'순리대로 흐름을 맞추어 유연하게 살아야 한다'라는 말이 곧 아무것도 하지 말고, 그냥 되는대로 살아가라는 것을 의미하지는 않는다. 노자가 말하는 물의 근본적인 의미는 '뛰어남'으로 해석할 수 있다. 실제로 세상의 흐름에 잘 대응하기 위해서는 많이 배우고 실행하면서 더 열심히 살아야 할 필요가 있다. 사람들과의 관계도 더 적극적으로 가꾸어 나가야 한다. 나 자신에게 더 많은 경험을 가져다주기 때문이다.

남들이 옛 경험에 기반한 사고에 매몰되어 변화에 대응하지 못한다면, 나는 물의 속성처럼 시대의 흐름에 맞춰서 유연한 사고로 대응해야 한다. 그런 유연한 마음과 함께 노자는 무위無爲를 강조했다. 노자에게 무위란 '아무것도 하지 않음'과 같이 억지스럽게 인위적으로 하는 것이 아니다. 그는 살면서 모든 일을 자연스럽게 하는 것이 참된 '무위'라고 생각했다.

한 농부가 있었다. 그는 작물을 빠르게 기르기 위해서 평소보다 식물에 두 배로 물을 주었다. 그러나 농작물은 죽고 말았다. 그다음에는 식물을 덮을 정도로 비료와 영양제를 잔뜩 주었다. 그랬더니 잎이 변해서 죽었다. 몇몇 작물이 살아나기도 했지만, 근본적으로 농사짓는 땅 자체가 죽어버렸다. 수확을 하고 싶었다면, 농부는 농작물이 자라는 시간 동안 충분한 인내심을 갖고 기다려야 했다. 그랬다면 나머지는 자연이 알아서 작물을 키웠을 것이고, 수확물도 얻을 수 있었을 것이다.

인간은 생명체를 완전히 통제할 수 없기에 자연의 흐름에 따라서 기다려야 한다. 자연의 흐름을 억지로 거스른 결과, 농부는 한 해 농사를 전부 망쳤다. 노자는 도에 대해서 '결코 억지로 행하지 아니하며 능하지 못함이 없다'고 말했다. 인간을 포함한 자연에는 각자 주어진 흐름과 역할이 있다. 그 흐름에 따를 때 우리의 삶도 자연과 함께 잘 흘러가게 된다.

농부의 임무는 씨를 뿌리는 것이며, 자연과 씨앗의 임무는 작물로 잘 자라는 것이다. 그렇게 잘 자란 수확물이 준비되었을 때 거두어들이면 된다. 이것이 바로 자연이 작동하는 방식이다. 무위의 본질 역시 '일이 일어나도록 내버려 두는 것'이다. 욕심을 부리고 통제할 수 없는 것을 내려놓자. 통제하려 할수록 삶이 힘들어진다.

노자는 '세상은 세상이 스스로 다스리는 것이며 인간이 세상을 다스릴 수는 없다'고 말했다. 인간은 세상 일부로 자연스럽게 살아가야 한다. 물살을 거스르고 흐름을 거스르는 싸움은 인간의 삶을 힘들게 할 뿐이다. 노자의 조언은 삶이 힘들고 불안으로 가득할 때 내 마음의 평화를 얻도록 돕는다. 억지로 통제하지 않고 스스로 강요하지 않음으로, 우리는 온전히 현재에 머물게 된다.

노자는 『도덕경』을 통해 우리에게 더 유연하고 넓은 포용력의 중요성을 말한다. 불안의 가장 큰 원인은 과거에 대한 걱정과 미래에 대한 불확실함, 그리고 통제할 수 없는 것에 대한 집착이다. 집착과 숭배의 대상을 만드는 것을 경계하고, 그것이 위대한 누군가의 말이더라도 절대적인 진리로 받아들이는 것을 주의해야 한다. 나를 괴롭히는 외로움 그리고 인간관계에서 오는 힘듦이 찾아왔을 때, 삶이 흘러가게 놓아두고 현재에 머물러서 살자. 평온해지고 고요한 인생을 누리게 될 것이다.

3.3

지금 당장 마음의 평온을 얻는 방법

_에픽테토스

행복의 시작은 할 수 있는 일과 할 수 없는 일을 구분하면서 시작된다.

– 에픽테토스

오늘 하루 나의 삶은 어떠했나? 지금 당신은 행복하다는 생각이 드는가? 살아가다 보면 행복은 멀리 있다는 생각이 든다. 삶에서는 대개 행복보다는 힘든 일들이 먼저 떠오르기 때문이다.

당장 내일 출근길을 생각하면 참 힘겹다. 모아놓은 재산은 적은데 나이는 계속해서 들어가고 재정적으로 어떻게 해야 할지 막막하다. 배우자와 부부관계도 잘 모르겠고, 원수 같고 사랑스러운 자식들은 생각해도 힘에 부친다. 행복할 만한 이유를 생각해 봐도 잘 떠오르지 않는다. 정말 나는 행복해질 수 있을까?

행복을 고민한 철학자

에픽테토스Epictetus는 행복해지는 방법을 가르친 로마 시대 스토아학파 철학자이다. 그에게 있어 철학이란 보통의 사람들이 일상적인 문제에 효과적으로 대응하도록 돕고, 살다가 피할 수 없는 상실감이나 실망, 슬픔에 대처하도록 돕는 것이었다. 그는 사람들이 어떠한 상황에 놓이더라도 행복해지는 방법을 가르쳐 주었다.

에픽테토스는 "외부에 의존하지 않고, 나에게 어떠한 상황이 벌어져도 즐거울 수 있는 능력이 행복이며, 꼭 결혼했다거나 자식이 있어야만 행복한 게 아니라 나 자신 그 자체로도 행복해질 수 있어야 한다"라고 강조했다. 외부에 의존하려는 삶의 방식을 버리는 것이 중요하다. 외부에서 오는 행복보다는 나 자신이 그 자체로 행복해질 수 있는 방향으로 삶의 철학을 다져나가야 한다. 세상에 나 홀로 꼿꼿이 선 채로 행복해지는 것이다.

에픽테토스는 삶이 힘들다는 것을 인정했다. 그럼에도 그는 개인 각자가 처한 환경과 관계 없이, 행복하고 평온한 삶을 보낼 수 있는 길을 제시하면서 평생을 보냈다. 내적인 평화를 얻는다면 인간은 그 순간 삶의 불행으로부터 자유로워질 수 있다고 믿은 것이다.

스토아학파의 철학자 에픽테토스는 노예 신분으로 태어났으나 결코 자신을 노예라고 생각하지 않았다. 그는 다른 사람이 자기 몸을 지배할 수는 있어도 마음의 자유만은 빼앗을 수 없다는 사실을 알고 있었다. 그래서 외적인 일에 충동적으로 행동하고 타인이 나를 꼭두각시 인형을 조종하듯 내버려 두어서는 안 된다고 생각했다.

우리는 종종 문제가 생기면 내 인생 자체가 망가진 건 아닌지 생각하고 절망하기도 한다. 하지만 지금 내게 일어난 일은 그저 스쳐 지나갈 하나의 사건일 뿐이다. 내가 지금 지닌 재산과 사회적 지위와 상관 없이, 삶에서 일어난 일들은 세상이라는 거대한 흐름에서 자연스럽게 생겨난 사건일 뿐이다. 내 삶도 마찬가지다. 내가 어떠한 삶을 살아가든지, 삶의 모습이 어떠하든지 그 본질이 달라지는 것은 아니다.

홀로 살아가거나 배우자 또는 가족들과 함께 살아가는 것, 어떤 직장을 다니거나 내 나이가 몇 살인가와 같은 문제는 그저 나에게 주어진 삶일 뿐이다. 과거의 나의 선택들과 세상의 흐름이 함께 모아져서 지금의 내가 되었을 뿐이다. 그렇기에 삶의 본질에는 결함이나 문제가 없다. 그저 하나의 현상에 불과하기 때문이다.

> 나에게 해를 끼치는 것은 나에게 일어난 일이 아니라 그 일
> 에 대한 나의 생각이다.
>
> - 에픽테토스

지금 이 순간에도 행복해질 기회는 누구에게나 평등하게 주어진다. 부유하거나 가난하거나, 교육의 유무와 관계없이, 내가 원하기만 하면 행복은 언제든 얻을 수 있다. 행복은 내가 무엇을 가졌는가에 달린 것이 아니기 때문이다. 진정한 행복은 내가 어떤 사람인가, 그리고 내가 어떻게 하루를 보내는가에 따라 좌우된다.

에픽테토스의 삶 역시 그랬다. 그는 어떤 상황에서도 평온한 삶을 위해 노력했다. 55년 로마 제국의 동쪽 변경에서 노예로 태어난 에픽테토스는 선천적으로 몸이 약했다. 게다가 어린 시절 류머티즘을 앓아 다리까지 절게 되었다. 그럼에도 에픽테토스는 어렸을 때부터 뛰어난 지적 재능을 보였으며 그 재능을 알아봐 주는 매우 관대한 주인을 만났다.

주인이었던 황제 네로의 행정 비서관 에파프로디토스는 에픽테토스의 재능을 높이 샀고 로마에 유학까지 보내주었다. 그렇게

떠난 유학길에서 에픽테토스는 로마의 유명한 스토아학파 철학자인 가이우스 무소니우스 루프스를 스승으로 만나게 된다. 루프스의 철학은 매우 실용적이고 실천 중심적이었다. 철학 이론이 우리 삶을 변화시키지 못한다면 그 학문은 전혀 쓸모없다는 것이 루프스의 핵심 사상이었다. 이러한 실천 중심의 가르침은 에픽테토스가 행동과 실천을 강조하고, 삶을 행복하게 가꾸는 실질적인 철학 사상을 만드는 데 큰 영향을 주었다.

에픽테토스는 스승으로부터 스토아 철학을 배우게 되었고, 곧 가장 뛰어난 제자가 되었다. 결국 그는 노예 신분에서 벗어나 자유인이 되었고 로마에서 철학 교사가 되었다. 그러나 94년 로마의 황제였던 도미티아누스는 철학자들의 영향력이 점차 확대되는 것에 큰 위협을 느꼈고, 많은 철학자를 추방했다.

에픽테토스 역시 로마를 떠나 그리스의 서부 해안 도시 니코폴리스로 떠났다. 그곳에서 그는 철학 학교를 세우고 사람들에게 평정한 마음으로 위엄있게 사는 방법을 가르쳤다. 그의 학교에서는 많은 학생이 기숙사 생활을 했고, 심지어는 하드리아누스 황제가 에픽테토스의 학교에 직접 방문하기까지 했다.

에픽테토스는 명망 높은 제자들을 여럿 두었다. 그중에는 훗날 로마 제국의 황제가 되는 마르쿠스 아우렐리우스도 있었다. 『명상록』의 저자로도 유명한 스토아학파 철학자 마르쿠스 아우렐리우스는 스승 에픽테토스의 영향을 많이 받았다. 에픽테토스는 낙천적이고 편하고 겸손한 스승이었다. 그가 말하는 철학 사상과 행동은 늘 일치했다. 그는 조그만 오두막에서 검소하게 살았으며 명성이나 재산, 권력에는 전혀 관심이 없었다. 그렇게 한결같이 살던 에픽테토스는 135년 니코폴리스에서 조용히 생을 마감했다.

평온함에 이르는 다섯 가지 방법

평생을 사람들이 어떠한 상황에서도 행복하고 평온하게 살 수 있을지 고민한 에픽테토스는 이에 대한 실제적인 방법들을 우리에게 제시했다. 삶에서 무엇을 버려야 하고, 즐거운 삶을 누리기 위해 평온에 이르는 길을 같이 걸어보도록 하자.

첫째, 통제할 수 있는 것과 없는 것을 구분하라

에픽테토스는 행복에 이르는 길은 단 하나뿐이라고 생각했다. 바로 당신의 손에 달리지 않은 일에서 벗어나는 것이다. 그의 철학에서 가장 중요한 행동 원칙은 우리가 바꿀 수 있는 것과 바꿀 수 없는 것을 구별하는 것이다. 행복은 이 한 가지 원리를 분명히 이해하는 데서 시작된다. 이 원칙은 몇 번을 강조해도 지나치지 않다.

내가 바꿀 수 있는 것은 나의 내면에 무수히 존재한다. 내가 지금 하는 생각과 결심, 그리고 갈망이나 욕망 등이 이에 해당한다. 나에게 주어진 시간에 책을 보거나 글을 쓰는 것도 내 자유이다. 내가 세상을 어떠한 관점으로 바라볼지 결정하는 것도 내 뜻대로 할 수 있는 일이다.

반면에 타고난 재능, 부유한 부모님, 인생에 느닷없이 찾아오는 행운, 그리고 삶을 고통스럽게 하는 크고 작은 불행은 내 마음대로 할 수 없다. 이처럼 내 뜻대로 할 수 없는 일들은 '외부'에 존재한다. 남들이 나를 어떻게 생각하는지를 비롯해 오늘의 날씨, 세상의 커다란 흐름은 결코 내 마음대로 바꿀 수 없다.

에픽테토스는 내 마음대로 할 수 없는 것들을 내 뜻대로 바꾸려고 할 때 불행해진다고 생각했다. 눈이 많이 내려서 비행기가 연착된 상황을 상상해 보자. 비행기가 오늘 이륙하지 않으면 예약이 틀어져 여행 일정에 큰 차질이 생긴다. 이때 누군가는 초조하고 분노한 마음에 항공사 담당자에게 곤란한 상황에 대해 소리를 지르고 다그치기도 한다.

하지만 연착된 비행기가 당장 이륙할 수는 없다. 항공사가 날씨를 바꿀 수는 없기 때문이다. 눈이 내려서 비행기가 연착된 상황은 누구도 어떻게 할 수 없다. 그로 인하여 여행 일성에 차질이 생기는 것도 피할 수 없다. 내 마음대로 할 수 없는 일이다.

다만 같은 상황일지라도 내가 어떻게 대응할지는 선택할 수 있다. 당장 감정적으로는 힘들 수 있겠지만 내가 바꿀 수 없는 일에 집중하는 대신 평정심을 유지하기 위한 노력은 해볼 수 있다. 감정을 가라앉히면 내가 처한 상황이 선명하게 보이기 시작한다. 그러면서 나름의 해결책이 떠오를 수 있다. 내가 예약한 숙박 시설에 문의하여 절충안을 찾아보거나 항공사에 별도의 보상을 요구할 수도 있다. 이외에도 여러 방법을 시도하여 금전적인 손실을 줄여 나갈 수 있다.

가장 중요한 건 나는 최선을 다했다는 사실이다. 바로 거기에 만족하면 된다. 우리는 최선을 다하는 과정에서 평온한 마음을 되찾을 수 있다. 내가 할 수 없다는 것을 인정하고 받아들이며 동시에 가능한 일을 모색했기 때문이다.

모두가 바라는 부와 명예에 대해서도 바꿀 수 있는 것과 없는 것을 기준으로 생각해 볼 수 있다. 부와 명예를 얻기 위해 목표를 세우고 그것을 성취하기 위해 끊임없이 노력해 볼 수 있다. 그 결과 설령 아무것도 성취하지 못할지라도 실패가 아닌 운명의 결과로 받아들이며 그저 과정에 집중한다. 최선을 다해 노력하고 그것

인생의 고통은
내가 세상을 바라보는 관점에 달려 있다

을 행동에 옮기는 것은 내가 할 수 있는 일이지만 그로 인한 결과
는 하늘의 뜻이기 때문이다.

실제로 스토아학파 철학자 중에서는 부와 명성을 추구한 이들
도 있었다. 다만 그들은 부와 명예를 얻기 위해 노력하면서도 그
결과에 집착하지는 않았다. 부와 명예를 추구할지언정 그 성취 자
체가 목적이 되어서는 안 된다고 생각했기 때문이다. 에픽테토스
는 "삐뚤어진 마음을 가지고 부유하게 사는 것보다 평정심을 가지
고 가난하게 사는 게 나은 삶이다"라고 말하기도 했다.

어떠한 일을 할 때 과정은 내가 바꿀 수 있다. 하지만 결과를 내
가 원하는 대로 바꿀 수 없는 경우가 많다. 이때 결과에 연연하지
않으면서 과정을 즐기는 마음을 가지면 삶이 더 평온해지고 행복
해진다.

우리는 통제할 수 없는 것들에 신경 쓰기보다 통제할 수 있는
것에 집중해야 한다. 세상을 바꾸는 것보다 먼저 자신을 바꾸고 행
동을 바로 세우는 데 집중한다면 불필요한 고통을 피할 수 있다.

둘째, 그저 있는 그대로 바라보아라

살아가다 보면 누군가가 나의 감정을 건드리는 말을 할 때가 있
다. 상사의 날 선 비판, 배우자의 듣기 괴로운 잔소리와 같은 말은

그 말의 옳고 그름과 관계 없이 기분을 상하게 한다.

에픽테토스는 "주변 상황은 나의 기대에 따라주지 않는다. 일은 제멋대로 일어나고, 사람들은 자기 마음대로 행동한다. 그럴 때 세상을 있는 그대로 바라보라"고 말했다. 우선 나 자신을 살펴보고 그릇된 집착과 이루어질 수 없는 기대감이 나를 어떻게 고통스럽게 하고 부정적인 감정을 일으키는지 깨달아야 한다.

사실 내 기분이 나쁜 이유는 '기대감'이라는 마음을 품고 상황을 해석했기 때문이다. 나의 내면에는 다양한 기대감이 숨어 있다. '다른 사람들은 늘 나에게 친절해야 한다', '상사는 항상 나를 높게 평가해야 한다', '배우자는 항상 내 편이어야 한다'와 같은 기대감들 말이다. 하지만 이런 기대감은 금방 좌절되고 나를 당황스럽게 만든다.

그래서 에픽테토스는 "우리를 괴롭게 하는 것은 외적인 사건 그 자체가 아니라 내가 그 사건을 생각하는 방식 때문"이라고 말했다. 내가 할 수 있는 일은 오직 그 일에 대한 태도를 정하는 것이다. 누군가 나에게 기분 나쁘게 이야기했다면 '기분이 나쁘다'라는 판단은 잠시 놓아두고 그 사람이 하는 말 그 자체에 집중해 본다. 모든 사람이 나에게 친절하게 말해야 한다는 기대감을 내려놓고, 말한 내용 자체에만 귀를 기울여 보는 것이다.

고통은 나를 화나게 하는 사람이나 고통스럽게 만드는 상황이 만든 게 아니다. 상황에 대한 나의 반응에서 생겨난다. 나의 고통은 상황에 대하여 내가 의미를 부여했기 때문에 발생한다. 상황이 내 인생에 악영향을 미칠 수 있는가는 온전히 나의 선택에 달려있다. 중요한 건 일어난 상황과 내 마음 사이에 거리를 두는 것이다. 이미 일어난 상황을 떠올리면서 부정적인 감정에 휩싸일수록 고통은 커진다. 부정적인 상황이 발생했을 때 한걸음 물러서서 객관적으로 바라보고 거리를 두면 감정에 휩쓸리는 것을 막을 수 있다. 마치 내가 아닌 타인의 눈으로 상황을 객관적으로 바라보는 것이다.

예를 들어 내가 애착을 가지는 유리잔이 있다고 생각해 보자. 그 유리잔은 해외여행을 할 때마다 열심히 발품을 팔아서 하나하나 모아놓은 소중한 물건들이다. 만약 우리 집에 놀러 온 손님이 그 유리잔을 깼다면, 나는 매우 당황할 것이다. 어쩌면 순간 분노에 휩싸일 수도 있다. 하지만 만약 다른 집에서 똑같은 일이 벌어진다면 제3자로써 대수롭지 않게 여길 것이다.

이렇게 타인의 눈으로 바라보면, 유리잔이 깨진 사건이 별거 아니게 느껴질 수도 있다. 사실 유리잔은 물이나 음료를 마시기 위한 도구에 불과하다. 설사 깨진다고 해도 속상할지언정 나는 큰 문제

없이 잘 살아갈 수 있다. 내가 유리잔에 의미를 부여했기 때문에 유리잔이 깨진 사건이 나에게 큰일로 느껴졌을 뿐이다.

그래서 "나에게 힘든 일이 생길 때, 다른 사람 관점에서 그 상황을 어떻게 생각하고 느끼는가를 떠올려야 한다"고 에픽테토스는 강조했다.

물론 나에게 일어난 일을 타인의 관점에서 바라보는 것은 쉽지 않다. 하지만 나에게 일어나는 일을 객관적인 시각으로 바라볼 수만 있다면 나를 힘들게 하는 내면적인 문제를 해결할 수 있다. 현대 상담심리학에는 나의 문제에 대해서 삼인칭 시점으로 글을 쓰고 상황을 객관적으로 바라보게 하는 인지행동치료법이 있다.

모든 상황을 호기심 많은 과학자의 관점으로 바라보는 것도 좋다. 직장에서 큰 실패를 겪었다면 불평하면서 포기하는 대신, 실패 원인이 무엇이고 다음에 비슷한 상황이 벌어지면 어떻게 행동해야 할지를 생각해 볼 수 있다. 인생에 실패했다고 절망하는 내가 아니라 원인과 결과를 분석하고 관찰하는 객관적인 내가 되는 것이다.

셋째, 자신의 가치를 스스로 만든다

에픽테토스는 칭찬에 의지하지 말 것을 강조했다. 누군가로부터 인정받으면 으쓱해지고 마치 내가 대단한 사람이 되는 것 같은 느낌을 받을 때가 있다. 하지만 이는 착각에 불과하다. 실제로 타인의 칭찬에서 얻을 것이 별로 없기 때문이다. 나의 가치는 스스로 만드는 것이지, 남에게 의존한다고 저절로 생기는 것이 아니다.

게다가 타인의 인정을 통해서 나의 가치를 높이고 싶다는 마음이 너무 강하면 삶은 더 이상 자유로워지지 못하게 된다. 내가 무언가를 할 때 끊임없이 '남들이 나를 어떻게 생각할까', '이상하게 보진 않을까'라는 생각에 겁을 먹고 주변의 눈치를 살피게 되기 때문이다.

에픽테토스는 다른 사람들에게 비위를 맞추려다 보면 자기 삶의 목적에 집중하기 어려워진다고 말했다. 온전히 삶을 나에게 집중해야 하는데, 내가 어떻게 하면 남들에게 잘 보일까, 인정받을 수 있을지에 대한 생각으로만 가득하게 되면, 결과적으로 온전한 나의 삶이 무너지게 된다.

게다가 남들에게 의존하면, 다른 사람이 갖고 있는 부정적인 관점들까지 따르게 된다. 세상을 향한 부정적인 시선, 남 탓만 하는 습관들, 혐오, 우울한 생각들을 내 삶에 끌어들이게 될 수 있다.

이를 방지하기 위해서 타인과 나는 항상 거리를 두어야 한다. 때로는 고독도 필요하다. 중요한 건 내가 무엇을 지니고 있는지를 깨닫고 그것들을 소중하게 여기는 자세이다. 내가 무엇을 가지고 태어났는지, 나의 성향은 어떠한 사람인지를 잘 살펴보면서 스스로 파악해 본다. 이를 통해서 세상에 기여할 수 있는 훌륭한 가치들을 스스로 만들어 나가야 한다.

다른 사람들이 좋아하는 길을 무작정 따라서 걷는 게 아니다. 모든 선택은 오로지 나에게 결정되어야 한다. 그 과정에서 누군가로부터 비난을 받을 수 있다. 에픽테토스는 "높은 수준의 지혜로운 삶을 추구하는 사람은 어쩔 수 없이 비판을 받을 수 밖에 없다"고 말하기도 했다. 그렇기 때문에 다른 사람들이 나를 어떻게 생각할지 걱정하는 것은 시간 낭비다.

에픽테토스는 "내가 할 수 있는 일들, 내가 바꿔 나갈 수 있는 영역, 내가 무언가를 이루어 낼 수 있는 영역에만 집중할 것"을 강조했다. 내가 어떠한 사람인가 정의하는 것은 주위의 평판보다 훨씬 중요하다. 확고하게 쌓인 자아는 곧 나에 대한 명성과 평판이 된다. 물론 명성과 평판은 내가 어떠한 사람인가를 나타내는 척도는 아니다. 내가 거짓말을 일삼고, 그릇되게 행동했더라도 명성을 얻을 수도, 평소에 바르게 살았더라도 좋지 못한 평판을 받을 수 있다. 그렇게 사람들은 남들을 평가할 때 자기 기준대로 평가한다.

아무리 올바른 일을 했더라도 왜곡해서 해석할 수 있고, 잘못된 행동을 하더라도 잘했다고 평가할 수 있다. 그래서 평가보다는 본질적으로 내가 어떠한 사람인가가 중요하다. 나 자신에 관한 평가를 남에게 의존해서는 안 된다. 삶의 주인은 나 자신이다.

넷째, 행복은 오직 내부에서만 찾을 수 있다.

행복은 나의 외부 환경과는 전혀 관계가 없다. 나의 외적인 조건들과 상황들에 무관심해지는 연습을 해라. 나의 행복은 오직 나의 내면에서만 찾을 수 있다.

– 에픽테토스『어록/편람』

나에게 주어진 직위, 재산과 같은 외적인 부분들은 종종 나의 행복을 왜곡시키곤 한다. 마치 이들을 지녀야만 행복해질 수 있다고 주변에서 속삭이기 때문이다. 하지만 진정 행복한 사람은 무엇을 더 많이 소유하고 있느냐가 아니라, 스스로 더 많이 풍부한 경험을 선물하는 사람들이다.

이 사회의 흔한 믿음 중 하나는 '더 많이 소유할수록 삶의 가치가 높아진다는 생각'이다. 흔히 나의 가치를 내가 소유하고 있는 것과 연동시킨다. 건물을 소유하거나 많은 돈을 갖게 되면 내 삶이 더 행복해질 거라는 믿음들이다. 이를 현대의 사회 심리학에서는

'소유 중심의 삶'이라고도 부른다.

물론 원하는 것을 소유하는 경험은 행복의 중요한 요소이다. 자본주의 사회에서 기본적인 삶을 영위해 나가기 위해서는 일정 수준 이상의 돈과 자산을 소유해야 한다. 하지만 그렇다고 해서, 많은 것들을 소유하면 더 많이 행복해진다는 생각이 옳다고는 할 수 없는 것이다.

대학교를 졸업하고 비로소 어른의 인생을 시작할 때, 자산을 갖고 시작하는 사람은 분명 소수다. 그렇다면 소수를 제외한 모든 사람은 다 불행한 걸까? 그렇지 않다. 자신이 소유한 것과 관계없이 행복한 사람은, 자산이 없는 시작 지점부터 원하는 자산을 전부 갖기까지의 모든 과정을 다 즐겼을 수도 있다.

자산을 많이 소유하고, 또 인생에서 성공을 이루었음에도 불구하고 삶이 불행하다면 이것을 진정한 성공이라 말할 수 있을까? 만약 우리가 무엇을 얼마나 갖게 되었는지가 나의 행복을 결정한다면, 부유한 사람들은 모두 행복해야만 한다. 하지만 앞서 말했듯 진정 행복한 사람들은 소유보다 경험을 사는 사람들이다.

소유 중심의 삶이 불행해지는 이유는 주변의 모든 것들과 나의 소유를 비교하게 만들기 때문이다. 건물의 크기, 자동차의 브랜드, 자산의 규모와 같은 물질적 가치는 쉽게 숫자로 표현되고 순위를 정할 수 있다. 숫자와 순위는 누가 더 많이 소유하고 있는지 적나라하게 알려준다. 그래서 소유에 집중할수록 사람들과 끝없이 비교하게 된다. 비교는 승자와 패자를 극명하게 나눈다. 내가 누군가보다 부자라면 만족감을 느끼겠지만 그렇지 못하다면 불만족스러워진다. 끝없는 비교 속에서 만족과 불만족 사이를 계속 오가게 된다. 그 불확실성에서 우리의 삶은 점점 더 불행해진다.

하지만 반대로 경험은 비교와 달리 고유한 것이다. 여행을 다녀온 경험은 나만이 간직할 수 있다. 설령 다른 사람이 더 좋은 여행을 다녀왔다고 해서 그 경험 자체를 비교할 수는 없다. 이처럼 경험을 중요시하면 남들과의 비교에서 더 자유롭게 된다.

게다가 소유는 나의 정체성 구축에 별로 도움이 되지 않는다. 고가의 아파트를 보유한 내 정체성은 집주인, 부자에서 그치고 만다. 하지만 경험은 세상과 나를 잇고 다양한 감정과 생각들을 공유하게 한다. 그 속에서 나만의 고유한 정체성이 탄생한다. 내가 경험한 것들은 이야깃거리가 되어서 나의 브랜드가 되기도 하고, 내삶의 풍요로움을 더해줘서 오랫동안 간직할 수 있는 나만의 추억이 된다.

행복한 사람은 비교가 일어나지 않는 경험의 영역에서 살아간다. 그들은 경험을 통해 다른 사람들과의 비교 대신에 '함께'라는 추억을 쌓아간다. 그렇게 소유 대신 경험을 통해서 풍요로운 인생을 살아가게 된다.

다섯째, 홀로 설 수 있어야 진정 행복해질 수 있다.

진정한 행복은 '실천'에 달려있다. 행복해지기 위해서 결심하고, 실행에 옮기는 것이다. 삶은 내가 만들어 가는 것이며, 그 과정에서 나의 영혼은 성숙해진다. 에픽테토스는 "새로운 경험은 우리의 삶에 깊이를 준다"라고 말했다.

실천에 옮길 때 중요한 건 남에게 의지하지 않는 마음이다. 에픽테토스는 최신 유행하는 비법들을 "맹목적으로 신뢰하지 말라"고 말했다. 오직 나 자신을 따라가야 한다. 바보 같고 의존적인 사람이 되지 말고, 자신의 영혼을 성숙시키는 건 오직 자신의 힘으로 해내야 한다. 그러기 위해서는 내가 어떤 사람인지 무엇을 할 수 있는지를 깨달아야 한다.

에픽테토스는 지금 현대를 살아가는 이들에게 지금 당장 행복해지고, 평온해질 수 있는 조언을 건네주었다. 할 수 있는 것과 할 수 없는 것을 구분하고, 나에게 일어난 일들이 있더라도 평온함을 유지하기 위한 노력을 아끼지 않는다. 행복은 내면으로부터 나온다는 것을 믿는다. 그리고 오직 스스로가 세상에 홀로 설 수 있어야 한다. 이런 행동들을 실천하면서 삶을 켜켜이 쌓아나간다.

주어진 삶에서 어떻게 행동하는가에 대한 답은 오로지 나 자신에게 달려있다. 내가 최선을 다해가면서 살아가면 된다. 그뿐이다.

동서양 철학자들의 지혜를 온전히 담아낸
홀로서기 철학을 만나다

Chapter 4
스스로 만들어 나가는
삶에 대하여

4.1

죽음을 마주하고 삶을 가꾼다

_세네카

일평생 잘 사는 방법을 배워야 한다. 뜻밖이라 생각할 수 있
겠지만 일평생 잘 죽는 방법도 배워야 한다.

-『인생의 짧음에 대하여』

앞으로 살 수 있는 날이 2주밖에 남지 않았다면 나는 그 시간
동안 무엇을 하면서 보낼 것인가? 그렇게 2주가 가고 마지막 하루
가 남았을 때, 나는 무엇을 하고 누구와 함께 보내야 할까? 2주 동
안 어떠한 시간을 갖더라도, 결국 마지막은 나 혼자 맞이하게 된
다. 그리고 나는 아무것도 가져가지 못한다. 사랑하는 배우자도,
자식들도 친구들도 모두 다 두고 이 세상을 떠나야 한다. 나에게
죽음의 그림자가 드리워지면 무조건 떠나야 한다. 내가 죽는다는

사실에 대해서 부정하건 분노하건 아니면 잘 수용하건 상관없이, 나는 죽게 된다.

우리는 인생의 처음과 마지막을 선택할 수 없다. 제아무리 바쁘게 살다가도 죽음이 찾아오면 갑작스럽게 전부를 내려놓고 흔적도 없이 사라져야만 한다. 죽음에는 예고편이 없다. '죽어감'을 길게 경험하는 사람도 있지만, 살아온 시간에 비하면 참으로 짧다.

당신이 얼마나 오래 살든 얼마나 많은 학위를 취득하든 얼마나 가족이 많든 나를 비롯한 모두는 죽게 된다. 그런데 왜 죽음에 대하여 준비하지 않을까? 우리에게 인생에서 단 한 가지 확실한 결론인 죽음에 대해 왜 터놓고 이야기하지 않을까? 삶에는 말로 표현될 수 없는 순간들이 있다. 자신의 마음 가장 깊은 곳까지 파고들어가 의미와 진실을 찾는 순간들이 그렇다. 죽음의 시간은 그런 순간들 가운데 하나다.

루키우스 안나이우스 세네카Lucius Annaeus Seneca는 "잘 죽는 법을 모르는 이는 잘 살지 못한다"고 말했다. 그렇기에 우리는 모두 죽음이라는 진리 아래에서 인생을 돌아보아야 한다. 그리고 죽음이라는 주제를 삶에서 한 번쯤은 고민해 보아야 한다. 특히 삶이 공허하고, 인생이 괴롭게 느껴진다면 더더욱 죽음을 고찰해야 한다. 삶의 끝에서 다시 지금 순간으로 돌아왔을 때 지금까지 보지 못했던 것들을 볼 수 있기 때문이다.

죽음을 늘 가까이했던 철학자

세네카는 항상 죽음을 탐구하고 연습해야 한다고 주장한 스토아학파의 철학자이다. 그는 "삶을 바라볼 때 인생은 죽음으로 가는 여정일 뿐이며, 인간은 태어나는 날부터 매일 죽어가기에 항상 죽음을 연습하면서 살아가야 한다"고 주장했다. 세네카는 스페인 코르도바Corduba에서 귀족 가문의 아들로 태어났다. 그는 비록 스페인에서 태어났으나 어린 시절 교육을 받기 위해 로마로 보내졌고, 이 시기에 스토아 철학자 아탈로스, 피타고라스학파의 철학자 소티온에게서 철학 강의를 받았다.

뛰어난 웅변가였던 세네카는 로마 원로원의 중심이 되었다. 하지만 세네카는 젊은 나이에 생명의 위기를 맞이한다. 37년 젊은 황제 칼리굴라가 세네카를 처형하라는 명령을 내렸기 때문이다. 칼리굴라는 당대 가장 훌륭한 법률가이자 연설가였던 세네카를 시기하고 질투했다고 한다. 하지만 칼리굴라의 측근들이 세네카가 결핵과 천식으로 오래 살지 못할 것이라고 보고했고, 그렇게 세네카는 겨우 목숨을 건지게 되었다. 세네카는 즉시 공직에서 물러났다.

칼리굴라가 죽고 클라우디우스 황제가 즉위하자 세네카는 다시 공직으로 복귀할 수 있었다. 하지만 세네카의 시련은 여기서 끝나지 않았다. 황후 메살리나가 클라우디우스 황제의 조카딸과 세네카가 간통했다고 고발한 것이다. 결국 세네카는 8년간이나 로마에서 쫓겨나 유배 생활을 해야만 했다.

메살리나가 죽은 뒤, 세네카는 또다시 로마로 복귀하여 새롭게 황후가 된 아그리파의 아들 네로의 가정교사가 되었다. 네로가 다음 황제가 되면서 그의 스승인 세네카의 권력은 정점에 이른다. 오늘날 폭군의 대명사로 불릴 정도로 악명이 자자했던 네로 황제지만, 초반의 치세 기간에는 의외로 훌륭하고 공정한 정부라는 평가를 받았다. 그는 지방 총독들의 부패 문제를 해결하기 위해 노력했고 아르메니아에서 성공적으로 전쟁을 수행했다. 그리고 이를 주도한 인물이 바로 세네카였다.

하지만 황제 네로는 자신의 어머니 아그리파를 살해한 시점부터 차츰 망가지기 시작했고 세네카 역시 폭정의 희생양이 된다. 네로의 악랄한 행동을 견디지 못한 귀족 중 일부가 반란 계획을 꾸몄고, 세네카는 그 반란에 연루되었다는 혐의를 받게 되었다. 비록 음모에 참여한 것은 아니지만, 그 음모를 사전에 알고도 알리지 않았다는 의혹을 받은 것이다. 결국 세네카는 네로로부터 자살하라는 명령을 받게 되었고, 세네카는 69세의 나이로 비참한 최후를 맞이한다.

세네카의 인생에는 늘 삶과 죽음의 문제가 함께 했다. 그는 세 명의 황제로부터 죽음의 위협에 시달렸으며 칼리굴라와 네로 황제의 폭정을 곁에서 목격했다. 그렇게 세네카는 죽음에 관한 글을 다수 남긴다. 세네카는 잘 죽는다는 것이 얼마나 중요한가를 알리는 글들을 썼다. 그는 "죽음을 탐구하라, 죽음을 연습하라, 죽음을 훈련하라"라는 어구를 끝없이 반복하며 사람들에게 늘 죽음을 생각할 것을 강조했다.

죽음을 두려워하면 가치 있는 삶과 멀어진다.

－『마음의 평정에 대하여』

세네카를 비롯한 스토아 철학에서는 마음의 평온을 얻는 방법의 하나로 '부정적 시각화'를 제안했다. 이 방법은 어떠한 일을 할 때 나쁜 시나리오를 미리 머릿속에서 떠올려 보는 훈련이다. 회사에 첫 출근을 하기 전에, 병원에서 건강검진을 받기 전에, 누군가를 만나러 가기 전에 무엇이 잘못될 수 있는지 미리 생각해 보는 것이다.

　최악의 상황을 생각하고 미리 마음으로 준비해 보는 것이 부정적 시각화의 핵심이다. 부정적 시각화는 삶에 어떠한 일이 일어나더라도, 보다 효과적으로 대처할 수 있게 준비할 수 있는 여유를 준다. 나의 삶에 어떠한 일이 일어나더라도 담담히 받아들일 수 있도록 말이다. 그리고 이러한 부정적 시각화에서 다룰 수 있는 최악의 시나리오 중 하나가 바로 나의 '죽음'이다.

　우리는 내일 죽을 수도, 아니면 머나먼 미래에 죽을 수도 있다. 죽음 앞에서 현재 이 순간 나에게 벌어지는 문제들은 사소해진다. 자연스레 현재를 괴롭히던 인간관계에 대한 문제, 회사 생활의 문제, 경제적 문제는 전부 사소한 것으로 변한다. 그리고 내가 살아 있음에 그저 감사하게 된다.

　이처럼 부정적 시각화에 죽음이라는 주제를 포함하기 위해서는 우선 죽음에 대한 막연한 두려움을 덜어내야 한다. 세네카는 평소에 사람들이 죽음을 떠올리지 않는 이유가 두려움 때문이라고 생각했다. 하지만 우리는 모두 죽음이라는 끝을 피할 수 없다. 그렇기에 내 인생의 마지막 페이지에는 반드시 죽음이라는 결론을 넣어두어야 한다.

모두 빌린 것일 뿐

내가 가진 것들은 그저 모두 빌린 것일 뿐이다. 우리에게는 무기한으로 빌린 소유물을 계속 간직하다가 요청받았을 때 불평 없이 돌려주어야 할 의무가 있다.

- 세네카

지금 나는 무엇을 소유하고 있는가? 통장에는 어느 정도의 현금이, 내 손안에는 스마트폰이, 집안에는 크고 작은 나의 물건들로 가득하다. 지금은 나의 물건이지만 이것들은 언제 어떤 상황에서 내 손을 떠날지 아무도 모른다. 우리는 흔히 내가 소유한 것들이 영원히 내 것이라고 착각한다.

나의 소유물들은 분실될 수도, 몇몇 불행한 일로 인해 빼앗길 수 있다. 설령 오랫동안 잘 보관한다고 해도 나의 소유물을 영원토록 갖고 있을 수는 없다. 죽음 이후에는 내가 갖고 있던 것 중 가치 있는 것들은 상속이라는 이름으로 또는 익명의 기부라는 이름으로 전부 흩어지게 된다. 이외에는 불타 없어지거나 폐기된다. 그 무엇도 영원하지 않다. 우리는 빈손으로 이 세상에 태어났다가 아무것도 가져가지 못하고 떠난다.

세네카는 "내가 가진 모든 것들을 다 자연에서부터 빌렸다"라고 여기라고 가르쳤다. 나는 아무것도 소유하지 않았다. 잠시 빌렸을 뿐이다. 그렇기에 세상 사물에 지나치게 집착할 필요가 없다. 내가 다니고 있는 회사 그리고 그 직장에서의 직위, 내가 갖고 있는 역량까지 모두 세월의 흐름 속에서 다 나의 손에서 벗어나게 되는 것들이다.

사람에게는 원하는 것을 갖고 싶다는 마음이 있다. 수십억 이상의 자산을 보유하고 싶고, 해외여행을 마음껏 떠나고 싶기도 하다. 좋은 배우자를 만나고 싶기도 하고, 좋은 차와 집을 갖고 싶어 한다. 그리고 내가 원하는 것을 갖기 위하여 오늘도 열심히 일한다. 매일 퇴사하고 싶은 마음을 누르면서 열심히 출근한다. 책을 읽고 공부도 하면서 자신의 역량을 기른다. 이 모두는 더 좋은 삶을 살기 위한 노력이다.

이 모든 게 나쁜 것은 아니다. 하지만 순수하게 원하는 마음이 집착하는 마음으로 변질될 때 문제가 생긴다. 집착으로 인해 우리는 사물이나 사람에게 과도하게 마음을 쏟고 매달리게 된다. 결국 삶은 고통으로 가득해진다.

무언가에 지나치게 집착하면 내가 삶을 끌고 가는 게 아니라 집착하는 대상이 나를 끌고 가기 시작한다. 젊었을 때 일해서 열심히 돈을 모은 사람은 그렇게 모은 재산에 집착한다. 평생 모아놓은

내가 죽는다는 사실에 다가가는 순간
삶은 변화하기 시작한다

돈에 집착하며 혹시라도 잃어버리게 될까 전전긍긍하고 불안해한다. 매시간 통장 잔액을 확인하고, 피땀 흘려 모은 돈이 줄어들까 함부로 쓰지도 못한다. 어느새 재산이란 모셔야 할 신이자 주인이 되어 나를 다스린다.

어떤 것을 강하게 얻고자 하는 집착은 자유로운 삶을 방해한다. 집착하지 않고 나에게 필요한 정도만 있으면 만족할 수 있지만, 그 이상을 갖게 되면서 결국 나의 시간과 정성을 집착하는 대상에 다 빼앗기고 만다. 심지어 집착의 대상이 늘어날수록 언젠가 잃어버릴까 끝없는 불안감에 잠식되고 만다.

하지만 내가 삶을 잠시 빌려 쓰는 것이라고 인정하는 순간 집착의 이유가 사라지게 된다. 내가 집착해 온 사물과는 언젠가 이별할 때가 온다. 어떠한 일이 잘 안되어도 마지막을 알기에 그저 나와 맞지 않는 일이라고 받아들일 수 있다. 열심히 시도했지만 결과가 좋지 않더라도 이 모든 것은 스쳐 지나가는 일들이기에 결과에 연연할 필요도 없다. 영원한 내 것은 존재할 수 없다. 내가 가진 모든 것은 짧은 인생 동안 잠시 빌린 것들이기 때문이다.

하루의 가치

아무도 시간의 가치를 깨닫지 못한다. 마치 영원히 살 수 있는 것처럼 행동한다.

인간은 아무런 비용이 안 드는 것처럼 시간을 함부로 사용한다.

그날이 바로 마지막 날이 될 수도 있는데 말이다.

- 세네카

죽음과 마주하여 나에게 주어진 시간의 가치를 깨달아야 한다. 나에게 주어진 모든 것이 영원하지 않듯이, 지금도 흘러가는 하루의 시간 역시 영원히 주어지는 게 아니다. 세네카는 "사람들이 자신이 마치 절대 늙지 않는다고 생각하면서 살아가고, 얼마나 많은 시간을 낭비하고 있는지 전혀 신경 쓰지 않는다"고 꼬집었다. 마지막 순간을 앞두고서야 사람들은 후회하기 시작한다. 그렇게 되기전에, 우리는 죽음을 생각하고 앞으로 살 수 있는 동안 내가 할 수 있는 것들을 정해야 한다. 시간에는 한계가 있기 때문이다.

작가로서 일주일에 한 편의 글을 쓴다고 생각해 보자. 100살까지 살 것이라는 가정하에, 50세부터 내가 쓸 수 있는 글의 수는 52주×50년×글 1개=2,600편이다. 아무리 부지런히 글을 쓰더라도, 시간은 제한적이기에, 내가 쓸 수 있는 글도 한계가 있다. 심지어 이보다 더 적을 가능성이 높다. 나이가 들면서 건강 악화로 더 이상 글을 쓰지 못하게 될 수도 있고, 사고로 인해 100살이 되기 전에 눈을 감을 수도 있다. 지금 내가 강하게 원하는 것을 최대한 빠르게 시도해 보아야만 하는 이유이다.

오늘 나에게 주어진 하루의 가치는 인생의 그 무엇과도 비교할 수 없다. 나에게 주어지는 시간은 유한하다. 게다가 오늘의 나는 앞으로의 인생에서 제일 젊을 시기다. 나이와는 상관 없이 말이다. 우리는 건강이 허락하는 한 오늘 하루를 정말 충실하게 보내야 한다.

나 자신에게 한번 스스로 질문을 던져보자. 나는 지금 시간을 어떻게 보내고 있는가? 오늘 하루 나에게 주어진 24시간 동안 나는 무슨 일을 했는가? 지금 내가 하는 것들이 정말 내가 원하는 일인가? 나중에 늙어서 몸을 움직이기 어려울 정도가 되었을 때 지금까지 해온 선택들이 후회될까? 나는 어떤 사람이 되고 싶은가? 이를 위해서 무엇을 나는 하고 있는가?

우리의 삶은 한순간에 사라질 수 있다.

그러므로 이 질문에 대해서 한번 곰곰이 생각해 보자.

수명의 짧음이 문제가 아니라 대부분의 시간을 낭비한다는 것이 문제다. 인생은 충분히 길다. 제대로 시간을 잘 활용한다면 위대한 과업을 이루고 남을 정도로 충분하다.

지금 이 순간 주어진 하루를 충실히 사는 자들은 확고하다.

– 세네카

죽음을 통해서 하루의 가치를 생각해 보았다면, 이제 나에게 주어진 하루라는 시간 동안 무엇을 해야 할지에 대한 생각을 해봐야 한다. 이때 중요한 건 인생에서 무엇이 가치 있는 일인지에 대한 나만의 답이 있어야 한다.

배움으로 얻는 평온함

세네카 역시 중요한 일에 대한 확고한 생각이 있었다. 세네카는 "진정 중요한 일이란 미덕을 사랑하며, 실천하고, 정념을 잊어버리고 어떻게 살고 죽느냐에 관한 지식을 얻으며 깊은 평정심을 갖고 삶을 살아가는 데 시간을 보내는 것"이라고 이야기했다. 어떻게 하면 더 좋은 사람이 되는지, 그리고 삶과 죽음의 의미란 무엇인지

대해서 이해하는 것이 중요하다고 생각한 것이다.

오늘날 사람들은 자기 직무에 더 능숙해지고, 승진하고 연봉을 높이기 위하여 열심히 일한다. 그러면서 재산을 불리기 위해서 경제 지식을 쌓고 투자 공부에도 정진한다. 하지만 세네카는 "어떤 일에 능숙해지고 전문지식을 쌓는 것보다 좋은 사람이 되는 것이 더 중요하다"고 말했다. 세네카의 관점에서 인간에게 중요한 것은 외적으로 보이는 것보다 내면의 인격이었던 셈이다.

스토아 철학을 기반으로 다양한 주제의 책을 낸 베스트셀러 작가 라이언 홀리데이는 이렇게 질문했다. "당신이 죽음에 가까워지고 있을 때 어떠한 형태의 지식이 더 가치가 있을까? 삶과 죽음의 문제에 대한 깊은 생각일까, 아니면 1987년 시카고 베어스에 대한 지식일까? 행복과 삶의 의미에 대한 나만의 확고한 통찰력과 당신이 30년 동안 매일 정치 뉴스 속보를 쫓아다니면서 얻은 지식 중에 무엇이 더 자녀들에게 도움이 될까? 인간으로서 더 나은 사람이 되는 것보다 더 가치 있는 일이 과연 있을까?"

내게 주어진 시간 속에서 더 나은 방향으로 행동하고 실천하기 위해서는 인생에서 무엇이 중요한지에 대한 나만의 우선순위를 정해놓아야 한다. 직장에서 고성과자가 되고 훌륭한 사업가가 되었지만, 가족과의 관계에서 실패하고, 항상 우울과 불안에 시달리는 사람이 있다고 가정해 보자. 이게 과연 좋은 삶이라고 말할 수 있을까? 의미가 충만한 삶이라고 자신 있게 이야기할 수 있을까?

세네카는 더 나은 사람이란 우울한 생각을 극복하는 법, 삶에 큰 시련이 왔을 때 평온한 마음을 유지하는 법, 좋은 배우자나 부모, 그리고 훌륭한 친구가 되는 법을 알고 있는 사람이라고 했다. 물론 더 나은 사람에 대한 세네카의 의견이 반드시 정답은 아닐 것이다. 하지만 삶의 가치에 대한 우선순위에 있어 높은 위치를 차지하는 것들임에는 분명하다.

> 공부하지 않는 여가는 곧 죽음이다. 즉 살아있는 자의 무덤이다.
>
> – 세네카

세네카는 "하루하루 중요한 시간의 가치 속에서 배움이라는 행동은 우리의 의무"라고까지 말한 인물이다. 우리에게 주어진 시간 중 일부는 반드시 배움에 투자해야 한다. 여기에는 두 가지 이유가 있다. 첫 번째는 말 그대로 배우기 위함이고, 두 번째는 배운 것을 반드시 실천하기 위함이다. 더 좋은 사람이 되기 위해서라도 배움은 필수이다.

오늘날 우리는 다양한 매체를 통해서 각종 고급 정보를 쉽게 접할 수 있다. 거의 무료에 가까운 돈으로 세계적인 석학으로부터 삶의 지혜를 얻을 수 있다. 마음의 평온을 얻고 싶다면 마음 챙김 명상법을 검색하거나 각종 심리학 서적을 통해 배울 수 있다. 필요한 것은 배움에 관한 확고한 다짐과 시간 투자뿐이다. 그리고 그렇게 배우고 익힌 내용들을 삶에 적용해 나가기만 하면 된다.

이러한 배움의 행동들과 함께 하루를 되돌아보는 시간 역시 필요하다. 세네카는 시간을 잘 활용하는 방법의 하나로 그날 밤에 하루를 평가하는 것을 권하기도 했다. 그 역시 매일 밤 자신의 하루를 성찰했다. 자신이 그날 한 행동을 되돌아보고 어떻게 하루를 보냈는지를 검토했다.

나는 하루 종일 내가 어떤 행동을 했고, 어떤 말을 했는지 되짚으며 검토한다. 나는 자신에게 숨기는 것도, 그냥 지나치는 것도 없다.

－ 세네카

밤마다 자기 자신을 되돌아보는 일은 자신의 감정을 돌보는 데 큰 도움이 된다. 그리고 숙달될수록 보다 객관적으로 자기 자신을 돌아볼 수 있게 된다. 우리의 삶이 괴로운 이유 중 하나는 나에게 오는 상황들에 감정적으로 짓눌려 있기 때문이다. 부정적인 감정들은 꼬리에 꼬리를 물듯이 자기 자신을 괴롭히게 되는데, 그날 밤에 자기 자신을 돌아봄으로써 그 상황에서 벗어날 수 있게 된다.

밤마다 자기 자신을 돌아보는 데는 3분 정도면 충분하다. 하루의 마지막, 약간의 시간을 내어서 그날 있었던 일을 의식적으로 떠올려 본다. 그리고 스스로 질문을 던진다.

나는 어떤 면에서 더 나았는가? 나는 오늘 어떤 행동을 했고, 나의 감정은 어땠는가? 소중한 시간을 낭비하지는 않았는가? 다음에는 어떻게 하면 좋겠는가? 이런 질문들을 통해서 하루를 마무리해 보자.

자신을 돌아볼 때 가장 중요한 건 스스로에 대한 관대한 마음이다. 설사 오늘 하루 내가 잘못된 행동을 했더라도 스스로 너무 다그치지 말고 용서하며 용기를 주어야 한다. 나에게는 내일이 있기 때문이다. 스스로 되돌아보는 것만으로도 충분하고, 자책할 필요는 없다. 경험을 통해서 배워나가고, 성찰을 통해서 더 나은 내가 되면 된다.

오늘 나의 하루는 어땠는가? 나에게 주어진 하루의 소중함을 깨닫고 있었는가? 삶에서 이루고 싶은 것은 무엇이며 나는 어떠한 사람이 되고 싶은가?

4.2

나는 나의 선택이다

_사르트르

실존은 본질에 선행한다.

－『실존주의는 휴머니즘이다』

허무함이라는 감정은 느닷없이 불쑥 찾아온다. 매일 똑같은 회사 출근길에 불현듯 나의 삶을 돌아보게 되고 허무한 감정이 몰려온다. 우연히 거울을 보다가 훌쩍 늙어버린 내 모습을 보면서 지금 내가 삶을 제대로 살아가고 있는지 의문이 든다.

허무함은 내가 원하는 것을 이루었을 때도 찾아온다. 두 번의 누락 만에 승진의 꿈을 이루었을 때, 그토록 바라던 내 집을 계약하고 재정적인 목표를 이루었을 때 그 순간, 성공했다는 기쁨이 밀려왔다. 하지만 그 기분도 잠시뿐, 어느새 허무한 감정이 올라온

나. 예선에는 즐거웠던 일들이 더 이상 즐겁게 느껴지지 않는다. 예전에는 모든 것이 새롭고 친구를 만나는 자리에만 나가도 아무 생각 없이 즐거웠는데 이제는 특별하게 느껴지는 일이 없다. 남은 인생도 이렇게 지루한 삶이 반복될 것 같다는 생각에 맥이 빠진다.

목적 없이 태어나 선택에 내몰리다

도대체 인생은 어디서부터 시작된 것이고, 나는 무엇이며, 나라는 존재는 어디로 향해서 나아가야 할지 갈피를 잡지 못할 때가 있다. 프랑스 철학자 장 폴 사르트르Jean-Paul Sartre는 인생이란 어떤 목적도 의도도 없다고 말한다. 그저 나라는 존재는 아무 이유 없이 태어났고, 그저 살다가 죽을 뿐이라고 말이다.

지금 내가 살고 있는 삶이 아무런 의도나 목적이 없다는 것은 어떤 의미일까? 내 주변에 있는 사물들은 모두 목적을 지니고 있다. 칼을 만들기 위해서는, 칼을 만드는 기술자가 '물건을 자를 수 있는 날카로운 칼을 만들겠다'라는 의도를 지니고 있어야 한다. 망치는 뭔가를 깨거나 못을 박을 수 있는 본래 용도가, 전화기에는 멀리 떨어진 사람 간의 통화를 가능하게 해주겠다는 목적이 있다.

하지만 인간은 어떠한 의도나 목적을 가지고 태어나지 않는다.

내가 처음부터 직장인으로 태어난 건 아니다. 심지어 태어나고 싶어서 태어난 것도 아니다. 인간은 원하건 원하지 않았건 갑자기 세상에 실존하게 되었다. 나의 처지에서 본다면 나는 갑자기 이 세상에 존재하게 되었고, 그저 내가 나를 인식한 것에 불과하다.

누군가는 진화론적 입장에서 인간은 종족 번식을 위해서 태어났다고 주장할 수도 있다. 실제로 이를 통해서 인간의 행동을 어느 정도 예측하는 학문도 있다. 하지만 진화론적 입장에서 이야기한 주장과 정반대로 행동하는 사람은 얼마든지 있다. 환경이나 상황 등에 따라서 예상과는 다르게 행동하는 것이 인간의 특성이기 때문이다.

사르트르는 '인간이 무엇을 해야 하는지 정해진 건 아무것도 없다'라고 말했다. 여기서 '실존은 본질에 앞선다'라는 개념이 등장한다. 여기서 본질이란 앞에서 말한 '의도'와 '목적'이며, 실존이란 '내가 세상에 존재하고 있음'을 의미한다. 앞서 물건을 자르는 칼은 의도와 목적이 뚜렷하게 있는 상태에서, 기술자가 칼을 만든 것이다. 이 경우 의도와 목적이 먼저 있고, 존재는 뒤에 나오게 된다.

반대로 실존이 본질에 앞선다는 것은 인간이 이 세상에 존재하게 되고, 나의 삶의 의도와 목적은 내 인생을 통해서 만들어 가는 것을 의미한다. 태어난 순간부터 내 앞에는 무수히 많은 선택지가 놓이게 된다. 내 삶은 나의 선택으로 인해 결정된다.

선택은 내가 하는 것이다. 그래서 내 삶을 만들어 가는 주체는 언제나 나 자신이 된다. 선택의 결과가 모여 내 인생이 만들어지게 되는 것이다. 내가 어떤 회사에 지원할지 스스로가 선택할 수 있다. 퇴근하고 오늘 하고 싶었던 일들을 선택한다. 다음 날 아침에 언제 일어날지 시간을 정한다. 선택에는 내가 원하지 않았던 요소가 고려될 수도 있다. 하지만 마지막에는 스스로가 하루에도 무수히 많은 '선택'을 하게 된다.

현대인은 과거에 비해 고려해야 할 선택지의 분량이 몇십 배는 늘어났다. 따라서 선택의 결과에서 후회하지 않기 위해서라도 많이 고민해야 한다. 결국 삶은 더 피곤해지고 한편으로는 단순하게 살기 위한 노력에 돈과 시간을 아끼지 않게 되기도 한다.

하지만 선택할 수 있기에 삶의 문제가 생긴다. 인간은 누군가와 함께 삶을 살아가고 있다. 따라서 그 선택이 누군가에게 악영향을 미칠 수도 있고 긍정적인 영향을 미칠 수도 있다. 나의 선택이 어떠한 결과를 가져올지, 나와 이 세상에 어떠한 영향을 미칠지는 알 수 없다. 선택은 불확실성을 갖고 있기 때문이다. 그렇기 때문에 불확실성은 우리에게 '불안'이라는 감정을 안겨 준다.

불안이라는 속성은 과거와 미래 때문에 발생한다. 과거의 부정적인 경험은 현재에 무언가를 선택하는 순간 수면 위로 떠올라 나를 일차적으로 괴롭힌다. 그렇게 과거의 경험을 바탕으로 미래에 벌어질지도 모를 좋지 못한 일을 상상하며 걱정하기 시작한다. 걱정은 꼬리에 꼬리를 물게 되고 결국, 결과적으로 선택의 자유가 인간을 불안하게 만든다. 그렇다고 선택 없이 살 수는 없다. '선택하지 않는다는 것'조차 선택지의 하나이기 때문이다.

여기서 말하는 선택은 단순히 선택하는 행동만을 의미하는 것이 아니다. 인간은 세상에 어떤 상황이나 현상이 일어날 때 모든 것에 의미를 부여할 수 있다. 그러면서 보이지 않는 감정이나 느낌까지도 선택할 수 있다. 다이아몬드는 인간이 아름답다는 의미를 부여하기 전까지 그저 반짝이는 돌에 지나지 않았다. 하지만 인간이 가치를 부여하고 값을 매기기로 선택하는 순간 다이아몬드에는 '보석'이라는 의미가 부여된다.

우리에게 주어진 삶도 마찬가지다. 현재 상황을 내가 어떻게 해석하는가에 따라서 나에게 일어나고 있는 일이 지옥이 될 수도, 인생 반전을 위한 절호의 기회가 될 수도 있다. 나는 스스로 생각하는 것보다 훨씬 더 많은 것들을 선택할 수 있다. 다만 그것을 느끼거나 알아차리는가, 더 넓은 시야로 볼 수 있는가에 따라서 달라진다. 어쩌면 현재의 불안한 감정에 사로잡혀 눈앞에 있는 좋은 기회들을 놓치고 있는 건지도 모른다.

'선택의 자유'란 곧 내가 우리가 많은 것들을 만들어 낼 수 있는 존재임을 의미한다. 사람은 의도와 목적을 만들어 가는 존재라고 해석되는 여지를 주기 때문이다. 현재 나의 모습은 과거부터 지금까지 내가 선택한 것들의 결과이기 때문에 스스로 책임이 있다.

혹여 누군가는 책임에 대해 억울함을 느낄 수도 있다. 내가 원해서 이 세상에 태어난 것도 아니고 어렸을 적 나에게 주어진 환경은 내가 선택한 것도 아니다. 하지만 그럼에도 불구하고 어린아이가 성인이 되어감에 따라서, 내 인생은 내가 선택한 결과에 따라 영향을 받게 된다. 당장 내가 오늘 하루를 어떻게 보내는가에 따라서, 내일 나의 모습들이 달라지기 시작한다. 오늘과 내일, 하루하루의 모습은 크게 달라지지 않을지라도, 그렇게 쌓인 하루의 작은 선택들로 인하여 훗날 나의 모습이 변하게 된다.

'나'라는 모든 선택의 합

철학과 모든 인간은 그 시대의 산물이다. 사르트르의 사상도 그의 시대상과 인생 그리고 깊은 사유가 만들어 낸 결과물이다. 그도 처음부터 인간이 의도와 목적이 없다고 생각한 것은 아니라는 의미다.

2살 때 아버지를 잃은 사르트르는 어머니와 함께 외가에 얹혀 살았다. 비록 외가는 부유했으나 그는 항상 집안의 눈치를 보면서 살아야 했다. 어린 마음에 장난을 치려고 해도 '여기는 우리 집이 아니라서 이렇게 행동하면 안 된다'는 말을 들어야 했다. 이렇게 숨 막히는 집안 분위기 속에서, 사르트르는 자신의 희미한 존재감을 느끼며 자랐다. 사르트르는 그때 스스로가 '아무것도 아닌 존재'라는 것을 인지한 것이다.

그 속에서 사르트르는 자신의 존재에 정당성을 확보하기 위해 노력했다. 그가 했던 노력에는 글쓰기와 독서도 있었다. 책을 좋아하는 할아버지와 집안 어른들은 사르트르가 글을 읽고 쓰며 유명한 시인들의 시를 낭독할 때 찬사를 보냈다. 사르트르는 어른들의 칭찬을 '존재의 증명서'라고 표현했다. 그렇게 그는 다른 사람들의 인정을 통해서 자기 존재감을 확인받았고 그를 위한 글쓰기를 지속하게 되었다.

글을 쓰는 것을 자신이 존재하는 이유라고 생각했던 사르트르는 이내 자신이라는 존재를 글쓰기와 동일시했다. 하지만 성인으로 자라면서 사르트르는 점차 '자신의 존재 자체를 정당화할 수 있는 건 오직 자기 자신뿐'이라는 사실을 깨닫게 되었다.

나의 행동과 선택이
곧 나 자신을 만들게 된다

1, 2차 세계대전을 겪은 사르트르는 스스로가 존재하는 이유라고 생각했던 글쓰기 외에도 이 세상에서 해야 할 일이 얼마든지 많다는 것을 느꼈다. 그는 자신이 배우고 주장하고 생각했던 것들이 무가치했던 것인가라는 혼란에 빠지기도 했다. 심지어 사르트르는 세계대전 참전 중 포로로 잡혀 죽을 고비를 넘기는 경험을 하게 된다. 그에게 있어 실존이라는 문제는 이제 '현실의 경험'이 되었다. 전쟁은 '사는가 죽는가'에 대한 문제를 인간이 직면하게 만든다. 결국 '인간이란 무엇인가?'라는 본질과 연관된 질문보다 인간 존재에 관한 생각을 더 하게 될 수밖에 없었던 것이다.

인간이 인간을 서로 학살하는 참상을 목격한 뒤로, 사르트르는 더 이상 글쓰기가 전부인 삶을 살지 않았다. 그는 이 세상에 산재한 문제를 해결하기 위해 사회정치적인 활동에 적극적으로 참여했다. 때로는 부정과 불의를 외면하는 것은 지식인의 무책임한 행동이라고 비판하기도 했다. 또한 사르트르는 '나의 행동과 선택들이 나의 삶을 구성한다'고 주장했다. 글을 쓰면 작가가 되는 것이고, 집을 지으면 건축가가 되는 것처럼 말이다.

사르트르는 '실존과 본질이 앞선다'라는 자신의 생각을 담은 『존재와 무』를 1945년 발표한다. 그는 책을 통해 '인간이 먼저 이 세계에 존재하는 것이고, 인간이 무엇으로 정의가 되는 것은 그다음 일이 된다'는 생각을 전했다. 인간은 목적이 분명한 사물과 다르게 먼저 존재하고 스스로가 그 본질을 만들어 간다. 그렇게 사르트르의 생각은 우리를 찾아오게 되었다.

세상이라는 큰 틀이 존재하고 인간은 그 안에서 자유롭게 선택할 수 있다. 사르트르의 논리를 활용하면 인생에서 완전한 성공과 실패는 없다는 것을 깨닫게 된다. 인간은 창조자이기에, 성공과 실패 역시 인간 스스로가 의미를 부여하고 선택해서 만든 것들에 불과하다. 중요한 건 나라는 존재 그 자체이며 타인은 자연스레 부차적인 존재가 된다. 남이 나를 어떻게 생각하는가보다는 내가 나에 대해 어떻게 의미를 부여하고 평가할 것인지가 중요하기 때문이다.

내가 나를 어떻게 생각하는지조차 선택하고 의미를 부여할 수 있다. 자신을 소중하게 여기는 선택을 하고 누군가 만들어 놓은 성공과 실패에서 벗어나, 조금 더 자유롭게 살아보려 노력한다면 스스로 삶의 방향을 만들어 나갈 수 있을 것이다.

사르트르는 말했다.

"나는 나의 선택이다. 인간은 이미 가진 것의 합이 아니라 아직 갖지 못한 것, 가질 수 있는 것의 합이다."

타인은 왜 지옥인가?

그렇다면 우리가 삶을 주체적으로 선택하는 데 있어서 가장 방해가 되는 건 무엇일까? 어쩌면 인간관계일 수 있다. 내가 나의 존재를 확인하는 방법의 하나는 '다른 사람들과의 관계'에서 찾는 것이다. 때때로 사람들은 타인을 기준점으로 삼고, 나의 모습과 비교하고 대조함으로써 자신도 모르게 선택에 영향을 주고받게 된다.

타인은 지옥이다.

– 사르트르

우리에게 웹툰과 드라마로 친숙해진 '타인은 지옥이다'라는 문장은 사르트르의 대표적인 희곡, 『닫힌 방』의 대사를 인용한 것이다. 그는 『닫힌 방』을 통해서, 그가 통찰한 인간관계의 결론으로 '지옥은 바로 타인들'이라고 정의하며 실존주의를 여과 없이 보여준다.

내가 이 세상에 존재함을 증명하기 위해서는 타인이 필요하다. 그런데 타인이 이 세상에 있는 한 남들의 시선을 의식할 수밖에 없고, 내가 주체적으로 선택하면서 살아가는 게 어렵게 되버리고 만다. 그렇게 타인과 함께 실존주의의 민낯을 사르트르는 보여준다.

그리고 왜 타인이 지옥이 될 수 있는지 희곡을 통해서 보여준다.

드라마 〈작은 아씨들〉의 한 장면에서 『닫힌 방』의 무대를 묘사하여 화제가 된 적이 있다. 『닫힌 방』의 주요 무대는 창문도 없고 사방이 막힌 방을 '지옥'이라 표현한 공간이다. 그 지옥에는 흔히 떠올리는 불구덩이나 혀를 뽑아버리는 벌, 차디찬 얼음은 전혀 없다. 일견 평화로워 보이지만 조금은 답답할 것만 같은 '닫힌 방'만이 존재한다.

닫힌 방에는 나를 비추어 볼 수 있는 거울도, 밖을 볼 수 있는 창문도 없다. 전등이 하나 있지만, 그 전등의 불빛은 절대 꺼지지 않는다. 그래서 닫힌 방에서는 어둠이 없다. 이 방에서는 어둠 속으로 숨거나 나만의 공간에서 제대로 쉴 수도 없다.

이 미묘한 지옥에 세 명의 남녀가 순서대로 안내되어 방에 갇히게 되면서 이야기는 시작된다. 그들은 지옥으로 떨어지기 전에 모두 죄를 지은 사람들로 여기 갇히기 전까지 서로 일면식도 없었다. 이 세 명은 그렇게 불이 꺼지지 않는 공간에서 24시간 365일 내내 함께 지내게 된다.

셋 중 두 명이 대화를 시작하게 되면 나머지 한 명은 원하지 않아도 모든 내용을 들을 수밖에 없다. 한 명이 아무리 침묵하고 조용한 공간에 있고 싶다고 하더라도 남은 두 명이 대화하고 소리를 내면 그 공간은 조용해질 수가 없다. 게다가 그 방에서는 칸막이는 커녕 불조차 끌 수 없다. 그들은 물리적으로 공간이 분리되지 않고 거리를 만드는 방법 자체가 원천적으로 불가능하기에 서로를 끊임없이 관찰하게 된다.

닫힌 방에 거울이 없다는 의미는 '내가 이 세상에 존재한다는 것을 스스로 인식하기 어렵게 된다'라는 사실을 의미한다. 자기 모습을 보지 못하면, 아무리 내가 나를 만질 수 있어도 나의 존재에 대한 의문이 들 수 있다. 그곳에서 나라는 사람의 존재를 확인하는 방법이라고는 닫힌 방에 함께 있는 타인과 교류하는 것뿐이다.

주인공인 세 남녀는 처음에 자신들이 죽어서 지옥에 떨어졌다는 것을 깨닫고 고문 기구나 사형집행인의 존재를 찾는다. 하지만 떨어진 그 공간에는 그저 꺼지지 않는 전등과 나를 포함한 세 사람뿐이었다. 극이 전개됨에 따라 이 세 명은 각자의 사연과 죄를 저지른 이유들을 털어놓지만, 막상 상대방의 이야기에는 귀 기울이지 않는다.

서로의 비밀을 모두 공유하게 된 그들은 자신의 변명과 생각들을 상대방이 이해해 주고 또 공감해 주기를 원하지만, 저마다의 기준으로 상대를 판단하고 해석하는 일을 멈추지 않는다. 나를 이해하지 않는 상대방이 자신만의 판단 기준을 잣대로 끊임없이 나를 훑고 마음대로 판단하고, 나 역시 그렇게 상대방을 판단하는 행위가 꼬리에 꼬리를 문다.

'가르생'은 아내가 보는 앞에서 다른 여자와 불륜하여 아내에게 고통을 주었다. 그는 반전주의자로서 영웅 행세를 했지만 탈영하다가 체포되어 총살당했다. '이네스'는 동성애자다. 그녀는 애인의 남편이 스스로 목숨을 끊게 했고, 애인과 함께 가스 중독으로 죽게 되었다. '에스텔'은 남편 몰래 젊은 애인과 불륜을 저지르고 아이까지 갖게 되었다. 그녀는 원치 않았던 아이를 불륜남이 보는 앞에서 죽였다. 불륜남은 충격에 자살했고, 그녀 역시 폐렴으로 죽게 되었다.

세 사람은 각자의 죄를 이야기하면서 점차 서로에 대한 혐오감이 깊어지면서도 상대방을 욕망하기 시작한다. 가르생은 이네스로부터 비겁자가 아니라고 인정받고 싶어 한다. 에스텔은 가르생으로부터 남성의 손길을 느끼고 싶다. 이네스는 에스텔과의 동성애를 갈망한다.

처음에 가르생은 자신의 표정 때문에 이네스와 갈등을 겪는다. 이네스는 가르생에게 표정이 마음에 안 든다며 그만 씰룩거리라고 요구한다. 그래서 가르생은 이네스가 요구하는 대로 표정을 지으려 애를 쓴다. 이는 자신의 존재를 타인의 말에 의존하여 변화하는 모습을 보여주는 대표적인 장면이다. 그렇게 가르생은 이네스에게 의존하며 자신이 비겁하지 않다는 것을 인정받고 싶어 한다. 하지만 이네스는 그러한 가르생의 모습을 혐오할 뿐이었다.

에스텔은 외모에 집착한다. 그녀는 본인의 외모에 대한 평가를 타인에게 의존하고 다른 사람이 나를 어떻게 보는가에 매달린다. 그런 그녀에게 '거울'은 매우 중요한 도구였다. 에스텔은 이네스에게 거울이 되어달라고 부탁하지만 그건 불가능한 일이었다. 이네스의 평가는 어디까지나 이네스 자신이 갖고 있는 외모에 대한 관점에 불과하기 때문이다. 한편 에스텔은 가르생에게 호감을 표현하지만, 가르생은 그녀에게 잠시 흥미를 느꼈을 뿐 다시 이네스로부터 인정만을 갈망한다. 정작 동성애자인 이네스는 에스텔을 욕망하지만, 에스텔은 동성애 취향이 없다며 이네스를 거절한다.

이렇게 세 명의 욕망은 서로 얽히고 충돌한다. 가르생과 에스텔은 다른 사람의 인정에 기대어 자신의 존재가치를 정의한다. 이네스는 다른 사람들이 자신에 관하여 규정하도록 놔두지 않는다. 그녀는 항상 자신을 처절하게 의식한다고 주장했다.

가르생은 자신이 타인에게 인정받지 못하고 있다고 느끼자 점점 더 고통스러워한다. 그는 문을 두들기면서 족쇄, 집게 등으로 고문당하는 것이 차라리 낫다고 외친다. 그러다 갑자기 문이 열린다. 하지만 아무도 문밖으로 나가지 않는다. 이는 타인으로부터 고통받지만, 그러한 타인과 함께 살아갈 수밖에 없는 현실을 상징한다. 그렇게 가르생은 문득, 진짜 지옥은 유황불이나 고문 기구가 아니라 '타인들'이라는 사실을 깨닫게 된다.

오직 나만이 바뀔 수 있다

우리에게는 인정받고 싶어 하는 마음이 있다. 누구나 직장 상사와 부모님, 배우자, 또는 내 주변 사람들로부터 칭찬받고, 내 존재를 인정받고 싶어 한다.

문제는 아무리 공감 능력이 뛰어난 사람일지라도 타인을 절대 오롯이 이해할 수 없다는 점이다. 누군가가 나에게 '넌 성실하지 않아'라고 말했다면 순간 속상할 수 있다. 하지만 어차피 나는 그 사람이 생각하는 '성실하다'라는 의미를 완전히 알 수 없다. 심지어 성실하지 않다고 평가한 사람조차 '성실함'에 대하여 제대로 설명하지 못하는 경우가 많다. 그가 내뱉은 평가는 허무하게 허공에 흩어지고, 그와 내 머릿속에는 서로 다른 '성실함'이라는 이미지의 흔적만 남았을 뿐이다.

누군가의 인정에 의존하는 행위는 매우 큰 불확실성을 낳는다.

내가 아무리 그 사람의 기대에 부응하고 싶어도, 그 사람이 원하는 모습의 내가 될 수는 없기 때문이다. 이러한 인정욕구의 대표적인 예가 '착한 사람'이다. 우리는 남들에게, 착한 아들, 착한 남편, 착한 직장 동료, 착한 상사와 같이 타인에게 착한 사람이 되고 싶어한다. 하지만 만약 그 '착함'이란 단어를 남에게 듣기 위해 행동한다면 힘든 싸움을 해야 한다. 제아무리 노력해도 분명 누군가에게는 '너는 절대 착하지 않아'라는 비아냥을 들을 수밖에 없기 때문이다.

우리는 서로 다르다. 그렇기에 착함에 대한 정의도 제각각일 수밖에 없다. 나 스스로는 절대 그렇게 생각하지 않음에도, 분명 누군가는 나를 착한 사람이 아니라고 확신에 차서 이야기할 수 있다.

앞서 사르트르는 '인간에게 있어 무조건적으로 타인이 지옥이 되는 것은 아니다'라고 강조했다. 사르트르는 타인이 지옥이 되는 것은 '다른 사람의 평가와 판단에 지나치게 의존하는 경우'라고 말했다. 지옥의 필수 조건은 인간의 자유가 제한되는 환경이다. 내가 삶을 주도적으로 이끌지 않고 누군가의 눈치를 보며 타인의 엉터리 평가에 좌절하는 순간, 내 삶의 주체는 타인의 평가에 빼앗기게 된다.

결국 나의 선택이 남들에 의해서 좌지우지되기 때문에 타인은 지옥이 되는 것이다. 『닫힌 방』의 주인공들에게는 분명 다른 선택지가 있었다. 물론 처음 그 방에 갇히게 된 것은 선택할 수 없는 현실이었다. 하지만 그들은 타인에 의해서 인정받고, 그에 따라서 나에 대한 평가를 맡기는 대신 주체적으로 판단하는 선택을 할 수도 있었다. 비록 거울로 내 모습을 보지 못하는 지옥에 갇혀있는 상황이었을지라도 말이다.

우리에게 타인과 완전히 떨어져 사는 방법은 거의 없다. 나와 가족관계는 평생을 따라다닐 것이고, 누군가와 헤어지더라도 나와 맞지 않는 또 다른 누군가를 만나게 될 것이다. 회사 상사와 맞지 않아서 이직했지만, 새로운 회사에서도 나를 싫어하고 갈등을 일으키는 타인이 기다리고 있다. 인간은 사회적 동물이기에 타인을 평생 피해 다닐 수 없다. 타인이 지옥이 되느냐는 어디까지나 우리의 삶에 대한 태도에 달려있다.

결국 필요한 건 나에 대한 최종 평가자가 자신이 되도록 노력하는 것이다. 물론 다른 사람의 의견을 전혀 듣지 않는다면 그만큼 평가의 객관성이 낮아질 우려도 있다. 그래서 다른 사람의 의견을 참고하여 더 많은 데이터를 받기 위해서라도 평가란 분명 필요하다. 다만 어디까지나 나 자신이 어떤 사람인지에 대한 평가의 최종 결재자는 스스로가 되어야 한다.

자신의 삶을 주체적으로 이끌어가는 건 성장을 위해서라도 필요하다. 자신을 변화시키고 성장시키는 결정을 내려야 할 때마다, 주변 사람들에게 무수히 많은 반대 의견을 듣게 되는 경우가 있다. 그럴 때 진정으로 나를 위한 결정은 스스로만 할 수 있다.

인간관계의 소용돌이 속에서 타인은 변하지 않는다. 다만 그 안에서 내가 주체적으로 바로 서는 것, 타인의 인정을 토대로 내 자아를 만드는 것이 중요하다. 그래야 온전히 나만의 선택을 할 수 있고, 그 선택들이 모여서 나만의 삶을 완성해 나갈 것이다.

4.3
그저 나 자신이 되어라

_ 니체

그대들의 이웃을 언제나 자신처럼 사랑하라. 하지만 우선 자기 자신을 사랑하는 자가 되도록 하라.

- 니체

문득 불안에 빠질 때가 있다. 그리고 그럴 때마다 불안을 해소하기 위해 친구나 가족 아니면 직장 동료들에게 의존하곤 했다. 사람들에게 힘듦을 위로받고자 기대어 보기로 한 것이다.

하지만 항상 한계는 있었다. 오랫동안 친구에게 속내를 터놓아도 언제부턴가 단절되어 있다는 기분이 든다. 누군가와 함께 있지만 결국 나 자신을 이해하는 건 아무도 없었다.

결국 나를 이해할 수 있는 건 나 자신밖에 없다. 나는 삶을 결국 홀로 살아내야 한다.

가족이나 친구들과 극단적으로 단절하고 산에 가서 살아야 한다고 말하는 게 아니다. 사람들과 더 건강하게 관계를 형성하기 위해서는 내가 일단 바로 서야 한다.

'타인의 시선으로부터 자유롭고 자기 자신다운 삶'은 니체가 항상 강조한 생각들이었다. 니체의 인생 역시 스스로 주도적으로 생각하고, 삶이 가져다주는 허무함을 극복해 낸 경험의 산물이었다.

그렇기에 우리는 나 자신을 사랑해야 하는 것, 삶이 무의미할 때 필요한 것을 니체로부터 찾을 수 있는 것이다.

자기 자신을 사랑하라

누군가 자신을 혐오한다면 그를 무서워해야 한다. 왜냐하면 우리가 그의 분노와 복수의 희생양이 될 것이기 때문이다. 우리는 그가 스스로를 사랑할 수 있도록 도울 방법을 떠올려야 한다.

– 니체

나 자신을 사랑하는 것은 삶에 있어 중요한 기준점을 세우는 중요한 작업이다.

지도 서비스에 있는 길 찾기 기능을 떠올려 보자. 이때 현재 나의 위치를 지도에 표시해 주는 것은 길을 찾을 때 가장 중요한 출발점이 된다. 마찬가지로 인생에서 길을 헤매고 있다면, 우선 내가 어디 있는가를 살펴보아야 한다. 그게 정답이다.

내가 어떤 사람이고 어떤 환경에 놓여 있는지를 알게 될 때, 우리는 다음에 가야 할 목적지를 정할 수 있다.

나 자신에게 무한한 관심을 두는 것.

내가 어떤 사람인지 수시로 고민하는 것.

자기 확신을 갖게 되는 것.

이 모두가 다 자기 자신을 사랑하는 일이다.

내가 나한테 관심을 두게 되면 내가 누구인지 알게 된다. 내가 나를 잘 이해하면, 삶을 더 원활하게 살 수 있게 된다. 내가 언제 진정으로 행복할지 알고 있고, 무엇을 하면 즐거울지를 정확하게 이해하기 때문이다. 힘든 순간이 찾아와도 어떻게 하면 내가 위로받고 극복할 수 있는지 알게 된다.

나에 대한 지식이 쌓일수록 내가 무엇을 해야 할지 더 명확하게 알게 된다. 그렇게 되면 자연스럽게 인생의 결과물들을 더 많이 쌓을 수 있게 된다. 내가 글쓰기를 좋아한다면 책과 블로그 아니면 다양한 SNS에 글귀를 올릴 수 있다. 그렇게 쌓인 글귀들이 모이면 책이나 유튜브 채널을 만들 수도, 잡지나 다양한 플랫폼에 올리는 콘텐츠로 활용할 수도 있다.

이처럼 삶이란 결국 나라는 기준점에서 출발하는 것이다.

지금도 세상은 끊임없이 우리를 유혹한다.

누군가는 이렇게 말한다. "지금은 기술이 세상을 바꾸고 있어, 너는 반드시 기술을 알아야 해." 또 누군가는 말한다. "아니야 돈 버는 방법만이 최고야 그 방법을 알아야 해. 안 그러면 넌 가난해질 거야." 이렇게 세상은 나를 불안하게 만드는 말들을 한다.

하지만 그러한 말 속에 내가 어떤 사람인가에 대한 고려는 전혀 없다. 단지 그들은 그들의 말을 따르지 않으면 마치 세상의 실패자인 것처럼 나에게 메시지를 보낼 뿐이다.

타인들이 하는 솔깃한 제안에 휘둘리는 순간부터, 우리의 인생은 끊임없이 흔들리게 된다.

언젠가는 블로그가 괜찮다고 해서 한두 달 블로그를 작성해 본다. 그러다가 유튜브가 최고라는 말에 혹해서 유튜브 영상 제작을 한두 달 시도해 본다. 또 하루는 요즘 출간하기 좋은 세상이라는 말에 혹해 책 쓰는 법을 알아보거나, 인스타그램이 퍼스널브랜딩에 필수라는 말에 흔들려 사진을 올려보고는 한다. 누군가는 주식 투자가 최고라 떠들고, 또 다른 전문가는 부동산 투자를 시도해야 노후가 평안하다고 달콤한 말로 꼬드긴다.

이때 자기 자신에 대한 확신과 철학이 없다면, 나라는 존재는 끊임없이 이런 속삭임에 휘둘려 지치게 된다.

어린아이처럼 살아가기

흔들림은 우리의 소소한 일상에서도 계속된다. 우리는 남들이 조금만 뭐라고 해도 기분이 쉽게 나빠지고 아무것도 하기 싫어진다. 아무것도 하지 않은 채 늘어져서 살고 있으면 손해임을 머리로는 알고 있지만 행동으로 이어갈 수 없게 된다.

어느 날은 회사에서 상사에게 업무 외적인 일로 괴롭힘을 당해, 그 충격으로 퇴근 후 아무것도 하지 않고 그냥 가만히 누워 있는다. 당장이라도 사표를 쓰고 싶은데, 퇴근하고 무언가를 하고 싶은 마음이 도무지 생기지 않는다.

이럴 때는 자격증을 준비하거나 포트폴리오를 다듬는 등 창업이나 이직을 준비하여 시도하는 것이 최선이다. 그래야 나를 괴롭히는 경제적 쇠사슬에서 벗어날 수 있게 된다. 하지만 머리로는 이해함에도 직접 시도하지는 못한다.

성취를 위해서는 꾸준히 우직하게 행동하면서 인생의 결과물들을 쌓아나가는 행위가 필요하다. 하지만 이때 단단한 자아의 기준점이 없다면 나의 행동과 결심은 쉽게 무너지고, 세상에 휘둘리는 일이 반복되고 만다.

내가 나를 알아가고 나만의 철학과 삶을 알게 된다면, 내가 해야 할 일이 명확해진다. 그때가 되어서야 비로소 실행에 옮길 수 있게 된다.

자신을 사랑하는 일은 곧 긍정적인 삶으로 이어진다. 내가 나 자신을 사랑하면, 마치 콩깍지가 씐 것처럼 그렇게나 못나 보였던 나의 삶에서 긍정적인 모습을 발견하게 된다.

니체는 마치 어린아이가 놀이에 흠뻑 빠져서 노는 것과 같이, 자기의 삶을 긍정적으로 살아가라고 말했다.

아이는 무언가 마음에 안 드는 일이 있더라도 금세 잊고 자신만의 세계를 창조해 나가면서 즐겁게 자기 자신으로 자란다. 아이에게는 내일에 대한 불안감이나, 과거에 대한 걱정은 없다. 어떤 계획이나 의도 없이 그저 천진난만하게 지금의 즐거움을 누리면서 살아갈 뿐이다.

나의 삶 또한 마찬가지다. 나만의 기준과 가치관들을 인생에 담아낼수록 삶이 주는 즐거움을 누릴 수 있게 된다. 나에게 향하는 경험을 오롯이 느끼는 주도적인 삶을 살게 되면 어느새 인생은 재미있는 놀이터가 된다.

그렇게 나 자신을 사랑하는 법을 알게 되면, 다른 사람들과 소통하고 건강한 관계를 맺어 나도 모르게 주변에도 좋은 영향을 미치게 된다.

누군가를 사랑하려면 자기 자신을 먼저 사랑할 줄 알아야
한다.

— 니체

중요한 건 타인에게 지나치게 기대하지 않는 자세다. 타인을 향한 집착과 지나친 기대는 건강한 관계로 나아가는 데 방해만 될 뿐이다.

스스로 빛나기 위하여

우리는 종종 부부 관계에서 상대방에게 자기 엄마나 아빠와 같은 형태의 역할들을 기대하는 이들을 보곤 한다. 그들에게 있어 배우자는 당연히 내가 말하지 않아도 알아서 나에게 잘해주어야 하고, 부모가 그랬던 것처럼 나의 요구사항을 다 맞춰주어야 하는 존

재이다.

하지만 사랑하는 관계란 서로 독립적인 존재가 만나 성립되며 각자에게 주어진 책임을 다하고, 필요할 때 서로에게 도움을 주면서 함께 살아가는 것이다. 따라서 배우자와의 관계는 부모와 자식과의 관계와는 전혀 다르다.

부모 자식 관계 역시 성인이 되었다면 독립이 필요하다. 누군가에게 집착하지 않고 지나친 요구를 하지 않기 위해서라도 우리는 먼저 자기 자신을 사랑해야 한다. 스스로에 대한 확신이 있어야 한다. 그래야 타인과 건강한 관계를 만들어 나갈 수 있다.

우리가 자기 자신을 잘 알지 못하는 이유는 그만큼 자신을 사랑하지 않기 때문이다. 누군가를 사랑할 때 우리는 그 사람의 일거수일투족을 관찰하고, 어떤 생각과 감정을 느끼는지 자세하게 바라보게 된다. 이처럼 자기를 사랑하는 사람은 자기 자신을 더 세세하게 알 수 있게 된다. 내가 나를 알기에 자신에 대한 믿음이 생기고, 자기 확신이 저절로 생겨난다.

자기 확신이 있다는 건 스스로가 흔들리지 않는 거대한 나무가 되어 다른 사람과 관계를 맺어가는 것과 같다. 누군가에게 쉽게 흔들리지 않고 타인에게 그늘이 되어주는 것이다.

뿌리가 얕은 사람이 누군가와 만나게 되면 쉴 새 없이 흔들리게 된다. 우리 주변에서 흔히 만나는 연인에 대한 집착, 잘못된 욕심과 바램은 모두 그들이 자기 자신으로 살지 못하기에, 스스로 사랑하지 않기에, 그리고 자기 자신에 대한 믿음이 없기에 생기는 일이다.

그대 위대한 별이여! 별이 아무리 빛을 비추더라도 그것을 받아들일 존재가 없다면, 그대의 행복은 무엇이겠는가?

- 니체

나라는 사람은 본래 스스로 빛나는 존재이다. 하지만 존재감을 느끼지 못한다면 아무리 별이 빛을 비추어도 나 자신은 전혀 빛나지 못하게 된다. 그러니 자기 자신을 그저 있는 그대로 사랑해보자.

온전한 나만의 자유

사람은 무한한 가능성을 지닌 존재다. 내 이른 판단으로 "나는 원래 이런 사람이야. 나는 이 정도밖에 안 돼"라고 스스로 한계를 그어버려서는 안 된다.

자기 자신으로 내 인생을 가득 채운다면
진정한 자유가 찾아온다

우리는 종종 세상이 정해진 길에 내 인생을 맞춰야 하는 상황을 만난다.

사실 우리 개개인은 너무도 다른 자질과 능력을 보유하고 있다. 유튜브를 비롯해 수많은 매체에서는 잘하는 것도 개성도 서로 다른 다양한 사람들이 저마다의 매력을 뽐내며 시청자들을 유혹하고 있다.

나라는 사람 또한 마찬가지다. 학교에서의 성적이나 회사에서의 인사고과, 직위로는 표현될 수 없는 나만의 보석을 숨기고 있다. 따라서 우리는 나만의 숨은 보석을 발견해 자신을 마음껏 표현할 수단을 갖추어야 한다.

하지만 인생 어느 순간 나의 보석을 발견했더라도 거기서 만족해서는 안 된다. 우리가 그 보석을 어떻게 다듬는가에 따라서, 보석은 목걸이가 될 수도, 귀걸이가 될 수도 있다. 누군가는 글쓰기에서 빛을 발견하여 책을 출간할 수도 있고, 누군가는 세계적으로 유명한 유튜버가 될 수도 있다. 그 누구도 전혀 상상하지 못했던 진정한 내가 될 수 있다.

나는 어떤 것도 자기의 모습과 다르게 되는 것을 결코 원하지 않는다. 나 자신도 다르게 되고 싶지 않다.

그렇다면 자기 자신을 사랑할 것을 강조한 니체의 삶은 어땠을까?

니체는 1844년 10월에 독일 작센 지방에서 목사의 아들로 태어났다. 그는 11살에 이미 자정까지 공부하고 새벽 5시에 일어나다시 공부하는 습관을 익히고 있었다. 하지만 니체는 어린 나이 때부터 건강이 좋지 못했다. 구토와 극심한 두통을 자주 겪었고, 지독한 근시로 인해서 고통받았다.

14살이 되던 해에 니체는 엄격하기로 소문난 슐포르타Schulp-forta 기숙학교에 입학한다. 그는 학교에서 매일 15시간을 공부해야 했다. 학교에서의 일과는 새벽 4시에 시작해서 밤 9시에 취침하면서 끝났다. 니체는 좋지 못한 건강 상태에도 불구하고, 학교에서 배움에 대한 욕구를 채워갔다. 친구들과 문학 모임을 만들었고, 학교에서의 3년 동안 34편의 글을 썼다. 특히 문헌학에 대한 관심이 많았던 니체는 여기에 열정을 쏟아부었고 학년말에 거의 수석을 차지했다.

이후 20살이 된 니체는 본 대학교 신학 학부로 입학했다. 그의 관심은 고전문헌학에 쏠려 있었지만, 독실한 기독교 가정인 가족들의 기대에 맞추기 위해서 어쩔 수 없이 신학을 공부한 것이다. 그래서 니체는 첫 두 학기 동안 공부보다는 술잔을 기울이는 날이 더 많았다고 전해진다.

니체의 천재성은 그가 옮긴 라이프치히 대학교에서 본격적으로 드러나기 시작한다. 24살의 나이에 자신의 담당 교수였던 리츨 교수의 추천으로 바젤 대학교 문헌학 교수가 되었다. 당시 니체는 아직 학생 신분이었으며 아무런 학위도 없었다. 니체는 고작 본 대학교와 라이프치히 대학교에서 각각 두 학기만 보낸 상황이었다.

니체가 교수직을 제안받은 것은 1869년 2월인데, 그는 같은 해 3월에 논문심사도 받지 않고 박사 학위를 받았다. 이후 바젤대학교에서 최연소 교수로 임명된다.

그러나 니체의 건강이 발목을 잡았다. 그는 두통과 위장 장애가 있었고, 심지어 심각한 시력 저하 문제도 겪었다. 프랑스, 이탈리아, 스위스 등지를 돌아다니면서 회복에 힘썼음에도 건강 문제는 일생 내내 그를 괴롭혔다. 하지만 그는 그사이에도 『차라투스트라는 이렇게 말했다』를 출간하는 등 지적 활동을 멈추지 않았다.

니체는 평생을 건강 문제에 시달렸었다. 그럼에도 그의 철학은 늘 빛을 발했다.

니체는 가족의 기대, 건강 문제 등이 그의 삶을 가득 메워가는 동안에도 자기 자신다운 선택을 하면서 인생을 살아갔다. '극복할 수 있는 고통을 자신을 더 강하게 만든다'라는 말처럼, 니체의 삶은 고통과 억압으로 가득했지만, 항상 이를 극복하고 스스로 자유를 얻게 했다.

니체는 그의 삶처럼 자유로운 정신을 강조했다. 그리고 노예와 같은 삶을 살지 말 것을 경고했다. 그는 인간은 스스로가 자신의 가치를 부여해야 한다고 강조했다. 스스로에 대한 믿음은 나라는 존재 그 자체에 대한 믿음을 말한다.

내가 돈이 많거나 사회적으로 특정한 지위가 있어서 나를 믿는 조건부 믿음이 아니다. 지금의 내 삶이 어떠하든지 간에 본질적으로 나라는 사람은 가치가 있다는 믿음이다.

나의 삶의 의미는 결국 인생에 대한 확고한 믿음으로부터 시작된다.

삶에서 힘들어지는 순간은 언제든 찾아온다. 그 틈을 타고 타인들의 비난과 멸시도 함께 나를 괴롭힌다. 이때 나의 가치를 타인에게 맡긴 사람은 쉽게 무너진다. 사람들로부터 파고드는 시선을 견디기가 어렵기 때문이다. 그 순간 느끼는 감정들은 타인의 시선으로부터 나는 틀려먹은 사람이라고 스스로가 확신하게 된다.

흔들림 없는 삶을 살아가는 원동력은 스스로에 대한 굳건한 믿음이다. 스스로에 대한 굳건한 믿음 하나만으로도 삶의 중심이 바로 서게 될 것이다.

고독의 시간과 끝없는 실행

다른 철학자들과 마찬가지로 니체 역시 고독의 시간의 중요성을 강조했다.

> 나는 나 자신을 기다려야 한다. 나의 자아의 샘으로부터 물이 나올 때까지는 시간이 걸린다. 그리고 내가 인내할 수 있는 것보다 더 오랜 시간 갈증을 참아야 한다. 그래서 나는 고독으로 들어간다.
>
> – 니체

니체는 진정한 나 자신을 찾기 위해서는 고독 속에 머물러야 한다고 말했다. 이때의 고독이란 우리가 온전히 자기 자신에게 집중하는 시간이자, 타인에게 휘둘리지 않고 세상과 잠시 거리를 두는 상태를 의미한다.

현대 사회에서 우리의 하루는 번잡하다. 사람들과 만나서 대화하고 유튜브나 SNS를 수시로 확인하며 핸드폰을 손에서 놓지 않고, 타의와 자의에 의해 하루 종일 온갖 자극에 노출되면서 살아간다. 이처럼 번잡한 공간과 시간 속에서 나라는 존재는 없어진다.

우리는 세상에서 벗어나 혼자만의 공간에서 자신과 마주하는 시간을 가져야 한다. 고독을 즐기지 않고서는 결코 내면의 소리를 들을 수 없다. 주변에 아무것도 두지 않은 채 내 안의 고요함에 귀를 기울여 본다. 나의 의미를 확인하는 의식을 날마다 규칙적으로 행하여 본다.

니체는 자신의 내적인 샘에서 솟아나는 가장 강한 청량제를 마시기 위한 15분의 고독한 시간을 강조했다. 이 같은 매일 15분간의 고독의 시간을 통해서 우리는 자신의 삶을 더 단단하게 만들어야 한다.

믿어보자. 가장 위대한 풍요와 가장 큰 즐거움을 끌어낼 수 있는 비법은 바로 '위험하게 살기'다. 당신의 도시를 베수비오 화산 위에 건설하라! 당신의 배를 아직 탐험 되지 않은 바다로 출항시켜라.

– 니체

살다 보면 변화를 점점 더 두려워하게 된다. 내 삶을 뒤돌아보면 실패가 두려워 아무런 시도조차 못 했던 적이 셀 수 없이 많았음을 발견하곤 한다. 니체 역시 인생에서 새로운 시도를 할 때마다 실패했고 질병과 통증에 시달렸다고 고백했다. 하지만 동시에, 포기하지 않고 계속해서 시도한다면 내 안에 감추어진 지혜, 즉 진정한 나 자신으로 돌아오는 방법을 발견할 거라고 말했다.

설사 인생에서 잘못된 선택을 하더라도 우리는 올바른 방향을 찾을 수 있다.

가장 좋은 방법은 계속해서 시도하고 질문하는 것이다.

삶에 정답은 없다. 니체는 자신에게 어떻게 살아가야 할지 물어보는 사람에게 삶에 단 하나의 길은 존재하지 않는다고 말한다. 내가 어떻게 살아가야 할지에 대한 질문은 스스로에게 건네야 한다. '인생을 어떻게 살 것인가'에 대한 답은 늘 나의 내면에 있기 때문이다.

또한 니체는 질문을 던진 후에는 반드시 무언가를 실천해야 한다고 강조했다. 우리는 늘 직접 경험하고 행동하는 형태로 내 인생에 질문을 던져야 한다. 이 길이 정말 나에게 맞는지는 직접 경험해 봐야 알 수 있는 탓이다.

막연하게 삶의 의미를 찾아야 한다는 생각만으로는 결코 삶에서 답을 찾을 수 없다. 삶의 모습은 개인마다 다르기 때문이다. 질문은 항상 구체적이고 현실적이어야 한다. 그렇기에 삶의 의미에 관한 질문의 형태는 반드시 실천이어야 한다.

만약 '내가 수영으로 삶에 즐거움을 얻을 수 있을까'에 대한 질문에 답하려면, 무엇보다도 우선 수영을 직접 해보아야 한다. 그렇게 실천해야 답을 얻을 수 있다.

인생의 질문에 대해 실행으로 답함으로써, 추상적이었던 우리의 개념들은 구체적이고 현실적인 무언가로 변하게 된다. 그렇게 실천하는 사람은 반드시 자신의 질문에 명확한 대답을 얻게 된다. 무엇이 내 삶을 의미 있게 만드는지 풍요롭게 해주는지는 직접 경험해 본 사람만이 알게 된다.

가장 최악의 상황은 아무런 시도도 하지 않는 것이다. 지금의 허무한 삶이 변화되기를 원한다면 기도하기보다는 실패를 두려워하지 말고 열린 마음으로 시도하고 질문하고 답을 얻어야 한다. 몸을 움직이는 사람만이 의미를 얻을 수 있는 까닭이다.

나에게 주어진 삶을 사랑하라

자신에게 주어진 운명을 사랑하라.

239

삶이란 본래 문제들로 가득하다. 세상일이 마음먹은 대로 흘러가면 좋겠지만, 인생은 언제나 불확실하다. 특히 오늘날처럼 급격하게 변화하는 시대 속에서, 10년 뒤 나의 삶이 어떻게 변해갈지 알 방법이란 없다.

니체는 삶에서 어떠한 일이 일어나더라도 이를 긍정으로 받아들이는 '디오니소스적 긍정'이라는 개념을 말하곤 했다. 디오니소스는 그리스 신화에 등장하는 포도주의 신이자 기쁨의 신이다.

삶은 고통으로 가득할 수밖에 없다. 아무리 피해 가려고 해도 나도 모르는 사이 여러 사건이 삶에서 일어나 고통을 준다. 이때 필요한 건 나에게 일어난 일들을 흔쾌히 짊어지고 나아가고자 하는 태도이다. 가장 낯설고 가혹한 삶의 문제들에 처해있으면서도 삶을 긍정하는 태도를 보이는 것이 바로 니체가 말하는 디오니소스적 긍정이다.

다양한 사건 사고를 겪고 마음의 상처와 부정적인 사건들 속에서도 나의 삶은 가치가 있다는 믿음을 잃어서는 안 된다. 나를 불행하게 만들었던 사건들은 삶을 성장시키는 촉매제가 된다. 나를 좌절시키고 절망감에 빠지게 하는 고통은 결국 나를 고귀하게 만들기 때문이다.

　디오니소스적 긍정은 삶의 고통이 찬란하게 빛나는 아름다움이 있다는 의미를 준다. 삶이 주는 두려움과 불안감은 우리가 올바른 인생의 방향을 찾을 수 있는 가이드를 제공한다.

　모든 삶을 긍정적으로 수용할 수 있게 된다면 비로소 진정한 나만의 삶을 마주할 수 있을 것이다.

4.4
혼자가 되어도
괜찮아질 수 있는 원리
_아들러

나는 타인의 기대를 충족시키기 위해 살고 있는 게 아니다.

- 아들러

주변에 사람들이 얼마나 있는지, 진정한 친구는 몇 명인지가 삶을 잘 살고 있는지 평가하는 중요한 요소라고 말하는 이들이 종종 있다. 이런 이야기를 들을 때면 주변에 인간관계가 내심 신경 쓰인다. 진정한 친구가 무엇인지, 내 주변에 어떤 사람들이 있는지 세어보기도 한다.

인간은 사회적 동물로 주위 사람들과 상호작용하며 관계를 유지하고 어울리며 살아간다. 우리는 그 관계 속에서 누군가의 긍정적인 에너지에 살아갈 힘을 얻다가도, 또 다른 누군가의 폭언으로 큰 상처를 받아 부정적인 영향을 받곤 한다.

때로는 인간관계가 인생의 중요한 숙제인 것처럼 느껴지기도 한다. 학창 시절에는 친구들과의 관계들이, 결혼하면 부부 사이의 관계가 그리고 자식이 태어나면 자식과 나 사이의 관계가 끝없이 이어진다. 직장 동료들과의 관계 역시 중요한 숙제가 된다.

사이좋게 지낼 때도 있지만, 어느 순간 갈등이 폭발해서 마음고 생할 때도 많다. 그렇게 인간관계는 어떻게 내가 대처하는가에 따라서 내 삶을 좌지우지하곤 한다.

인간관계라는 굴레

오스트리아의 심리학자 알프레드 아들러Alfred Adler는 인간관계라는 주제로 우리에게 다양한 조언을 건넸다. 그는 '인정욕구', '과제의 분리', '열등감' 등의 키워드로 사람들에게 둘러싸인 이 사회에서 어떻게 살아가야 할지에 대한 자신만의 이론을 세웠다.

아들러는 '인간관계가 인생의 중요한 과제 중 하나'임을 제시하면서, 인간의 모든 고민은 인간관계에서 비롯된다고 말했다. 그리고 행복해지기 위해서는 인간관계로부터 자유로워져야 한다고 주장했다.

인간관계에서의 자유란 무엇을 의미하는 것일까? 누군가는 친구가 없더라도 홀로 자유롭게 살아간다. 혼자서도 얼마든지 맛집을 찾아다니거나 여행을 즐길 수 있다. 주변에서 혼자 즐기는 삶을 보고 인간관계에 문제 있는 거 아니냐고 비아냥거려도 신경 쓰지 않는다.

친구가 없어도 행복할 수 있다는 것은 행복의 조건 중의 하나인 '친구의 존재'라는 기준에서 자유로워졌음을 의미한다. 그들은 인간관계에서 자유를 얻게 된 결과로 관계에 집착하지 않고 사람들과 적당한 거리를 두면서 살아간다. 하지만 정작 내가 혼자가 되어도 괜찮을지 의문이 든다.

인간은 사회적 동물로서 주위 사람들과 상호작용하고 어울리며 살아간다. 그리고 그 관계 속에서 누군가의 긍정적인 에너지로 인해 살아갈 힘을 얻다가도 또 다른 누군가의 폭언으로 큰 상처를 받아서 결국 나에게 부정적인 영향이 미치게 되곤 한다.

사실 우리는 사람들로부터 받는 영향에서 완전히 자유로워질 수는 없다. 다만 사람마다 어느 정도의 수준 차이가 있을 뿐이다. 우리가 타인으로부터의 영향을 더 많이 받고 덜 받는 마음의 중심에는 '인정욕구'가 있다. 알프레드 아들러는 타인에 대한 인정욕구가 강할수록 내가 다른 사람들에게 어떤 인상을 주는지, 남들이 나를 어떻게 생각하는지에 민감해진다고 말한다. 타인이 결정하는 나에 대한 평가에 따라 내 삶이 좌지우지되는 것이다.

누군가 나에게 비난 섞인 말을 퍼붓는다면 그 순간에는 누구나 분노하면서 화가 날 것이다. 이는 자연스러운 현상이다. 하지만 문제는 그다음이다. 며칠 동안 또는 오래도록 비난받았던 말들을 곱씹고 머릿속에 담아두면서 상처를 안고 살아가게 된다. 억울하기도 하고 서운한 마음이 들기도 한다.

그 마음은 나에게 남아서 '내가 어떤 행동을 잘못했지?'라는 생각을 떠올리며 다시 고민하게 만들고, 나도 모르게 똑같은 일을 반복하지 않기 위해서 말과 행동이 조심스러워진다. 내가 무엇을 잘못했는지는 정확하게 알지 못하고 인정하지 않았지만, 적어도 비난받았던 그 상황을 다시는 겪고 싶지 않다. 그렇게 점점 상대방의 눈치를 살피기 시작하면서 나를 어떻게 생각하는가에 대해 더 집중하게 된다. 어느새 내 삶은 점점 누군가의 비난에 휘둘리게 된다.

나라는 선택의 중심

인정욕구로부터 자유로운 사람은 다른 사람의 인정에 큰 의미를 두지 않는다. 그래서 친구가 없이 혼자이더라도 주변 사람들의 평가에서 자유롭다. 아들러는 이러한 사람의 행동양식을 '과제의 분리'라는 표현을 사용하여 나와 타인을 분리하는 의미로 설명했다. 타인의 시선과 평가들은 타인만의 고유한 과제일 뿐이고 나는 내 인생의 과제에 집중하는 것이다. 타인의 평가는 그저 그 사람의 평가일 뿐이다.

내가 친구도 가족도 없이 혼자가 되었다고 생각해 본다면 주변 사람들은 내가 혼자 산다는 것에 대해 무수히 많은 추측과 평가를 할 것이다. 인성에 대한 평가들도 서슴지 않을 수 있다. 여기서 타인의 평가는 그 사람에 고유한 과제일 뿐, 나에게는 어떠한 권한도 없다. 나는 '어떻게 하면 혼자 남겨진 상황에서 행복해질 수 있을까'라는 나만의 과제에만 집중하면 된다. 타인이 나에게 보내는 평가를 내가 통제할 수 없기에, 다른 사람들의 과제라고 분리해 버리는 것이다. 그리고 나서 내가 통제할 수 있는 것에 집중한다.

열심히 운동해서 몸을 가꾸고 스스로 만족하는 것 또한 나만의 과제이다. 하지만 나의 몸을 보고 타인이 평가한다면 그것은 타인의 과제가 된다. 중요한 사실은 내가 열심히 노력해서 스스로가 만족한 몸을 타인이 깎아내린다고 해도 내 몸이 변하지는 않는다는 것이다. 반대로 평범한 내 몸을 보고 타인이 멋지다고 칭찬한들 내 몸이 멋지게 변하는 것도 아니다.

이러한 관점에서 타인의 주관적 평가는 사실 큰 의미가 없다. 매일 최선을 다해 나의 과제에 대해 충실하게 살아가다 보면 우리는 자연스럽게 느끼게 된다. 처음부터 타인의 인정은 필요 없었으며 진정으로 나에게 필요했던 것은 스스로에 대한 따뜻한 인정이었다는 사실이다.

아들러는 타인과 나의 과제를 분리하면서 타인으로부터의 영향을 줄이고 온전하게 나의 삶을 살아갈 수 있다고 말했다. 거리를 두고 나의 과제와 타인의 과제를 분리하는 것이 타인에게 벽을 치거나 이기적으로 나만 생각하라는 뜻은 아니다. 혼자서 잘 살아갈 수 있다고 해서 은둔형 외톨이가 되거나 다른 사람들에게 차갑게 굴어서는 안 된다는 말이다. 내가 스스로를 존중하듯이 타인을 인정하고 존중하는 것이다. 내가 나 자신을 잘 돌보고 배려하면서 나만의 인생 목표를 달성해 나가면 마음의 여유가 생기고 안정을 찾게 된다. 그렇게 타인의 목표도 잘 받아들이고 존중하면서 주변 사람들을 잘 챙기면 되는 것이다.

혼자라는 진정한 의미는 '내가 혼자 있어도 괜찮은 상태'를 뜻한다. 억지로 세상과 단절하고 혼자 있는 것이 아니라, 불가피하게 갑자기 혼자가 되더라도 받아들이고 잘 살아갈 수 있는 것을 의미한다.

내가 혼자여도 흔들리지 않고 살아간다는 것은 타인에게 의존하지 않음을 의미한다. 인생을 살아가면서 발생하는 만남과 헤어짐 속에서 나 자신을 지키고 설사 혼자가 되더라도 흔들림 없이 인생을 행복하게 살아갈 수 있는 것을 말한다. 그리고 남들과 거리를 둔다는 것은 다른 사람들과 조화롭게 살아가되 가족을 포함한 모든 타인은 나와 한 몸이 될 수 없다는 것을 인정한다는 개념에 가깝다. 타인을 있는 그대로 인정하고 존중하는 것이다. 그와 동시에 내 기준을 상대방에게 맞추지 않고 자유로워지겠다고 다짐하는 것이다.

여기서 '자유'라는 개념에 주목할 필요가 있다. 인간관계의 굴레에서 벗어나기 위해서는 특정한 관계에 너무 얽매여서는 안 된다. 사회가 만들어 내고 발전시킨 인간관계의 고정 관념들에 대해서 진지하게 고민해 볼 필요가 있다.

인간관계의 대표적인 관계인 친구나 배우자가 주는 행복감이 있다. 하지만 이들이 없다고 해서 무조건 외로움을 느끼며 불행해지는 것은 아니다. 친구, 배우자 외에도 다양한 관계를 형성하고 그 안에서 충분한 행복감을 느끼면서 살아갈 수 있다. 친구가 없어서 무조건 외롭다고 생각하지만 반대로 친구가 많아서 문제가 생기기도 한다. 친구와 나눈 깊은 얘기들이 퍼지고 순간적인 말실수로 갈등이 생긴다. 친구들의 마음을 돌보는 데 시간을 모두 사용하여서 정작 나를 돌볼 시간도 없다. 어쩌면 친구가 없기에 주변 사람들과 더 다양한 형태로 교류할 기회가 생길 수도 있다.

친구라는 고정 관념을 바꿔볼 수도 있다. 동창이나 같은 고향 출신, 직장 동료를 친구라고 생각하는 폐쇄적인 개념에서 지금 나와 함께 시간을 보내는 모두가 친구라는 생각으로 개념을 확장해 보는 것이다. 관계에 대한 개념은 다양하다는 것을 느끼게 될 것이다. 관계에 집착하는 이유는 대안이 없다고 생각하기 때문이다.

어떤 사람과는 맛있는 음식을 먹고 재미있는 활동을 함께하는 관계를 형성할 수 있고 또 다른 사람과는 지적 자극을 충전하는 관계를 형성할 수 있다. 심지어는 꼭 타인이 아니어도 괜찮다. 내가 나 자신과 소통하면서 관계를 쌓아나갈 수 있다. 여기서 중요한 건 내가 무엇을 원하고 어떤 것을 즐거워하는가에 대한 명확한 이해이다. 나만의 기준이 무엇이고 내가 추구하는 삶이 어떤 것인가를 잘 이해할수록 분명하게 내가 어떤 사람들을 만나야 할지를 알수 있게 된다.

혼자 있더라도, 다른 사람과 함께 있더라도 자신을 잘 이해하고 무엇을 좋아하는지 아는 사람들은 상황과 관계없이 행복해질 수 있다. 중요한 건 남들이 원하는 나로 살아가는 것이 아니라 내가 스스로 되고 싶은 모습을 추구하는 나 자신이 되는 것이다.

나만의 기준을 잘 세우고 나면 다른 사람들을 존중하면서 건강한 관계를 형성할 수 있다. 잠시 혼자가 되는 상황이 벌어지더라도 그 상황에 맞춰서 잘 대응하게 되고 한 뼘 더 성장하게 된다. 그리고 내가 필요하다면, 언제든지 새로운 관계에서 행복을 얻으면 된다는 자신감을 얻게 된다. 내가 원하는 나의 모습을 알면 그에 맞춰서 삶을 선택하기 쉬워진다.

나를 낮추어 보는 나의 마음

인간관계를 방해하는 다른 요소로 '열등감'이 있다. 아들러는 '인간이 행동하게 하는 내면의 원리는 열등감'이라는 사실을 발견했다. 그리고 사람에게는 누구나 열등감이 있다고 했다. 열등감은 '지금 이 현실 속 나보다 더 우월한 무언가가 되고 싶은 욕망'이다. 예를 들어 인간에게는 부자가 되고 싶거나 누군가처럼 되고 싶다는 열망이 있다.

그렇다면 우리는 열등감으로 인해서 더 높은 곳까지 오르고 싶다는 의지가 있음에도 왜 내 마음대로 이루지 못하는 걸까? 아들러는 '열등 콤플렉스'라는 개념으로 이를 설명한다. 열등 콤플렉스는 열등감을 핑계로 현실에서 도망치려는 행동으로, 나의 환경을 다른 사람 탓으로 돌리고 아무런 노력도 하지 않은 채 문제를 회피하려고만 함을 의미한다.

예를 들어 성적이 좋지 않은 학생이 있다. 이 학생이 마주한 현실은 '공부하기'다. 하지만 그는 '나는 남보다 머리가 나빠', '어차피 해도 안 돼' '내가 처한 환경은 공부를 잘할 수 없는 환경이야'라는 등 다양한 열등감을 핑계로 아무런 노력도 하지 않는다.

사실 열등감 자체는 나쁜 게 아니다. 우리는 남보다 더 잘나고 싶은 욕망 때문에 좀 더 노력하게 된다. 그리고 높은 수준의 결과물을 만들어 낸다. 이처럼 인간은 자신의 열등감에 맞서 싸우면서 뛰어난 결과를 만들어 낼 수 있는 능력을 지니고 있다. 헬렌 켈러는 눈이 보이지 않고, 귀가 들리지 않았다. 베토벤은 귀가 들리지 않았고, 마네는 눈이 잘 안 보였다. 그럼에도 이들은 위대한 업적을 달성했다. 이처럼 인간은 저마다 극복 의지를 지니고 있으며 여러 위인은 삶을 통해서 이를 증명했다. 마치 니체가 '힘에의 의지'를 강조하였듯이 말이다.

그러나 자칫 과도한 열등감에 사로잡혀 버리면 우리는 열등 콤플렉스에 빠져 남보다 못하다는 생각에 갇힌 채 아무것도 할 수 없게 된다. 열등 콤플렉스의 가장 큰 문제는 아무런 노력도 하지

혼자여도 괜찮다

않고 누군가에게 우월하게 보이는 데에만 집중하게 된다는 점이다. 그렇게 많은 이들이 SNS에 중독된다.

때때로 열등 콤플렉스는 부정적인 행동으로 이어지곤 한다. 열등 콤플렉스에 사로잡힌 사람은 종종 자기 자랑을 일삼고 다른 사람을 무시하는 행동을 한다. 직장이나 학교에서는 남을 깎아내리기 바쁘고, 자기가 해야 할 일은 제대로 해내지 못한다. 해야 할 일은 하지 않은 채 내 실력이 들킬까 봐 주변 사람들에게 더 공격적으로 대하는 행위 역시 열등 콤플렉스 증상 중 하나이다. 과도한 열등감에 사로잡히지 않기 위해서는 어떻게 해야 할까?

열등감 마주하기

한 가지 분명한 사실이 있다. 열등감은 결코 완전히 없앨 수 없다는 점이다. 우리는 살아가는 동안 끊임없이 누군가와 나를 비교하고 인정을 갈구하는 존재이다. 이를 부정할 수는 없다. 중요한 건 열등감에 대한 나의 태도이다.

'내가 열등감으로 가득하다는 사실을 인정해야 한다'고 아들러는 말했다. 우리는 인정함으로써 열등감에 대한 집착을 덜어낼 수 있다. 나는 완전하지 않다. 나는 얼마든지 실수하고, 실패할 수 있으며, 결점투성이라는 사실을 인정해야 한다. 그럴 때 열등감은 나를 성장시키는 자극제가 된다.

현대심리학에서는 이를 '자기 수용'이라고 부른다. 여기서 말하는 수용은 자신을 있는 그대로 받아들임을 의미한다. 나를 받아들인다는 건 내가 곧 삶의 주인이 되고 모든 선택과 책임을 온전히 스스로 지는 것이다. 내가 나의 삶을 선택할 수 있기에 주도적으로 행동하고 변화할 수 있게 된다.

반대로 내가 나를 받아들이지 못하다는 건 내가 가져야 할 책임을 외부 환경이나 남의 탓으로 돌림을 의미한다. '회사가 작아서 그렇다', '상사를 잘못 만났다', '부모를 잘못 만난 탓이다', '경쟁자가 너무 뛰어나서', '배우자가 별로다' 등등. 이러한 생각으로 머릿속이 가득해지고 내가 주도적으로 무엇을 해야 할 것인지에 대한 선택을 미루게 되는 것이다.

물론 선택과 책임을 남에게 미루면 잠시나마 마음은 편안해질 수도 있다. 상황이 힘들어서 나도 모르게 그렇게 행동했을 수도 있다. 폭력적인 상사, 무책임한 부모, 나를 힘들게 하는 배우자 같이 외부 환경으로 인하여 발생했다고 생각하는 것이다. 하지만 그렇다고 해서 내 인생의 모든 책임을 외부에 돌려버리면 우리는 스스로 변화할 기회를 놓쳐버리고 만다.

지금 환경이 좋지 않다고 여긴다면 당신은 변화하기 위해서 무엇을 하고 있는가? 그리고 지금 어떤 것을 선택하고 있는가? 인생에는 수많은 선택이 존재하며 지금 나는 그중에서 고를 수 있다. 어쩌면 우리는 열등 콤플렉스를 갖는 것을 선택했는지도 모른다. 그 결과 삶이 더 힘들어졌을 수도 있다. 핑계와 변명은 내가 쉽게 고를 수 있는 것들이기 때문이다. 하지만 과거의 내가 열등 콤플렉스에 휘둘러서 아무것도 하지 않았다고 해도, 지금의 나는 언제라도 다르게 행동할 수 있다. 모든 건 다 나의 선택에 달렸다.

우리는 무엇을 선택할 수 있는가

아들러 역시 건강하지 못한 환경 속에서도 자신만의 주체적인 선택을 통해서 삶을 가꾸어 나갔다. 그는 1870년 오스트리아 빈의 유대인 가정에서 태어났다. 건강이 좋지 않았던 그는 질병과 죽음의 공포 속에서 어린 시절을 보냈다. 수레에 2번이나 치이는 사고를 당하고 구루병과 후두염, 폐렴으로 사경을 헤매기도 했다. 건강 문제로 고통받던 아들러는 의사가 되기로 다짐한다.

아들러의 학창 시절 역시 순탄치 않았다. 앞선 건강 문제로 인해 운동을 잘하지 못했고, 성적도 썩 좋지 못하였다. 특히 수학은 낙제점을 받기도 했다. 교사는 부친에게 잘하는 것이 없는 아들러를 자퇴시키라고 권유하기도 했다. 하지만 아버지는 선생님의 권유에 따르는 대신 아들러가 스스로 자신의 어려움을 극복할 수 있도록 격려했다. 결과적으로 아들러는 아버지의 지원 속에서 반에서 가장 우수한 학생이 될 수 있었다.

이후 아들러는 심리학, 사회학, 철학 등 다양한 학문에 관심을 가졌고, 어린 시절의 꿈이었던 의사가 되었다. 처음에는 안과 의사로 활동하였으나 이후에는 신경학을 거쳐 정신과 의사가 되었다. 그와 동시에 심리 치료가로서 학교와 가족과 관련된 상담 전문가로 일생을 보냈다.

아들러의 인생에서 제일 중요한 사건 중 하나는 프로이트와의 관계였다. 아들러는 1902년 프로이트가 주최하는 정신분석학회 수요 모임에 초대되었다. 그 모임에서는 매주 수요일 저녁 정신 분석 사례를 토론하거나, 문학 작품을 정신분석학적으로 해석했다. 이윽고 수요 모임은 정신과 의사는 물론 다양한 작가와 예술인들까지 참여하는 모임으로 발전했다. 그곳에서 아들러는 프로이트와 융을 처음 만난다.

이후 아들러는 모임에서 발전한 학회의 초대 학회장이 되었으나 프로이트와 의견 차이를 보였다. 아들러 입장에서 프로이트의 이론은 지나치게 성적인 관점에 치우쳐져 있었으며, 자신과 생각이 많이 달랐기 때문이다. 결국 1912년 아들러는 그와 생각이 맞는 다른 회원과 함께 개인 심리학 협회를 창립했다. 아들러와 프로이트는 그렇게 갈라서게 되었다.

1차 세계대전이 끝난 뒤, 아들러는 아동을 위한 정신 병원을 22곳 열었으나 1932년 그가 유대인이라는 이유만으로 강제로 문을 닫게 된다. 이후 아들러는 미국으로 이주하여 정신과 의사로서 계속 일했고, 롱아일랜드 의과대학에서 임상심리학 교수로 재직하며 강연을 위해 세계를 돌아다녔다. 그리고 1937년 5월, 강연 목적으로 스코틀랜드를 방문한 아들러는 강연을 마친 뒤 심근경색으로 길거리에서 눈을 감는다.

아들러는 많은 책과 논문을 남겼으며 그의 이론은 에리히 프롬, 빅터 프랭클 등에게 직간접적으로 많은 영향을 주었다. 아들러는 자신의 삶을 통해서 "환경은 장애 요소가 될 수 있지만 결코 원인이 될 수 없다"라고 우리에게 알려주었다.

우리의 삶을 건물에 비유하자면 타고난 환경과 상황들을 벽돌, 목재, 못과 같은 자재라고 설명할 수 있다. 주어진 자재의 총량은 제각각이지만 이를 통해 아파트를 지을지 해변에 별장을 지을지는 온전히 우리의 선택이 된다. 만약 우리가 열등감에 집착해서 모든 자재를 내팽개치고 모든 문제를 환경 탓으로 돌리는 순간, 우리 삶의 주도권은 타인과 환경으로 넘어가게 된다.

선택과 책임은 내가 나의 삶을 맞닥뜨릴 때 중요한 개념이 된다. 타인에게 선택을 미루고, 결과가 나쁘다면 그 사람에게 결과에 대한 책임을 모두 다 떠넘기게 될 것이다. 이때 내가 결과를 책임지지 않게 되어서 다행이라고 생각할 수도 있다. 하지만 실제로는 삶의 주인으로서 나의 역할을 전혀 하고 있지 않은 상황이다. 내 삶에 대하여 선택도 없고 책임도 없기 때문이다.

인간관계도 마찬가지다. 사람들과 가깝게 지내면서 많은 시간을 함께하는 것과 적당히 거리를 두고 혼자 지내는 게 오로지 나의 선택이라고 받아들일 때 나는 더 자유로워질 수 있다. 물론 어떤 선택을 하든 외로울 수도 있고 사람에게 상처받을 수도 있다. 하지만 선택은 한 번에 끝나지 않는다. 이번 선택이 실패했다면 다음 선택을 더 잘하면 된다. 사람의 관계에 대한 경험을 쌓았기에 다음에는 실패하지 않을 가능성은 이미 높아진 셈이다.

사람들과의 관계에 대한 선택권이 나에게 있다고 생각하면 건강한 관계가 아니라고 판단하는 사람들과는 단호하게 선을 그을 수 있게 된다. 선택과 책임이 나에게 있기에, 선택을 잘하거나 실패해도 이는 곧 인생의 성장으로 이어진다.

선택과 책임을 주도적으로 결정하지 못하게 되면 정체성의 문제로도 이어진다. 스스로 선택하고 실행에 옮기면서 그에 따른 결과를 받아들이는 과정에서 우리는 성장하게 되고, 그 속에서 확고한 '정체성'이라는 선물을 덤으로 얻게 된다.

매일 하루 한 번 글을 써보겠다고 선택하여 계획하고 실천에 옮기면 나는 작가가 될 수 있다. 직장에서 주어진 선택의 권한을 행사하고 팀원들을 잘 이끄는 경험들이 쌓이면 나에게는 리더라는 정체성이 주어진다. 단순히 직위나 직책상 리더가 되는 것이 아니다. 스스로 선택했기에 진정한 리더로서의 모습을 갖추게 되는 것이다. 아이가 태어났다고 해서 진정한 부모가 되는 것은 아니다. 내가 부모로서 집안의 경제적인 부분에 책임을 다하고 아이의 교육과 양육에 헌신했을 때 스스로가 부모의 정체성을 갖게 되는 것이다.

이러한 정체성은 내가 어떤 일을 잘해야만 얻는 것이 아니다. 내가 스스로 결정해야만 하는 선택의 순간에 도망치지 않고 주체적으로 살아가야 얻을 수 있는 결과물이다. 나만의 확고한 정체성을 갖게 되기 때문에 주변 환경에 덜 흔들리게 된다. 그렇게 삶에서 군건하게 홀로 설 수 있게 된다.

있는 그대로 나를 인정하자, 그리고 이 모든 건 나의 선택에 달려 있음을 잊지 말자.

에필로그
Epilogue

나에게 주어진 삶을 잘 살아가고 있는 걸까? 무미건조한 하루를 보내다가 인생이 흔들리는 사건을 만날 때면 지나간 시간들을 돌아보게 된다. 나에게 주어진 현실에 정면으로 맞서고 있는가? 혹은 매번 회피하려고 시도하지는 않는가?

책 속에 철학자들은 다른 사람에게 의존해서는 나에게 주어진 인생의 난관을 해결할 수 없다고 말한다. 나에게 주어진 문제들은 온전히 스스로 결정하고 그 결과를 받아들여야 한다.

결국 궁극적인 목표는 타인에게 의존하지 않고 내 인생을 독립적으로 살아가는 것이다. 행복에 이르는 길은 세상 속에 속해 있지만, 동시에 우리는 세상과 구별되는 나의 존재를 마음껏 누리면서 삶을 살아가야 한다. 사회적 기대, 부, 명예와 같은 외부 요인에 대한 의존으로부터 나를 해방하고 개인적인 관점으로 세상을 바라보는 중점이 필요하다.

내가 구하고자 하는 삶의 해답은 이미 나의 내면에 있다. 자기 삶에 대해 선택하고 스스로가 책임지는 용기가 무엇보다 중요하다. 실패할 가능성도 있지만 중요한 건 자신의 삶을 진정으로 살아갈 수 있는 능력이다.

철학자들의 생각이 언제나 완벽한 건 아닐 것이다. 다만 한 가지 분명한 건 그들은 자신의 생각에 몰입하고 그에 따라 살아가기 위해 노력했다는 사실이다. 미국의 사상가 랄프 왈도 에머슨은 스스로를 믿고 자신만의 독특한 시선으로 세상을 바라보며 진정성 있게 살아가기 위해 노력했다. 천재성으로 가득 찬 그의 글은 원하는 대로 살며 홀로서기를 위한 삶의 증거이다.

철학자들이 전하는 삶의 지혜도 중요하지만, 이 책은 그들의 생각뿐만 아니라 그들이 어떻게 인생을 살아냈는지도 살펴보기를 바란다. 동시에 오늘 하루 삶에서 선택한 순간들을 뒤돌아보는 시간을 가졌으면 한다.

이 책이 독자들이 자신을 불안하게 만드는 영향력에서 벗어나 자신에게 충실한 삶을 살아갈 수 있도록 돕는 안내서가 되기를 바란다.

마지막으로 홀로서기 철학이 출판될 수 있게 도와주신 모든 분께 감사하다. 유튜브 '양작가의 철학서재' 구독자분들, 진성북스 출판사 관계자님들, 그리고 항상 응원하고 지지해 준 사랑하는 아내와 가족들에게 감사를 보낸다.

홀로서기 철학

초판 1쇄 발행 2024년 6월 5일

지은이 양현길
펴낸이 박상진
편집 김민준
마케팅 박근령
관리 황지원
디자인 투에스북디자인

펴낸곳 진성북스
출판등록 2011년 9월 23일
주소 서울시 강남구 영동대로 85길 38 진성빌딩 10층
전화 02)3452-7762
팩스 02)3452-7761
홈페이지 www.jinsungbooks.com

ISBN 978-89-97743-62-9 03100

진성북스
도서목록

사람이 가진 무한한 잠재력을 키워가는 **진성북스**는
지혜로운 삶에 나침반이 되는 양서를 만듭니다.

도서목록

나의 잠재력을 찾는 생각의 비밀코트

지혜의 심리학
10주년 기념판

김경일 지음
340쪽 | 값 18,500원

10주년 기념판으로 새롭게 만나는 '인지심리학의 지혜'!
지난 10년간의 감사와 진심을 담은 『지혜의 심리학 10주년 기념판』! 수많은 자기계발서를 읽고도 목표를 이루지 못한 사람들의 필독서로써, 모든 결과의 시작점에 있는 원인(Why)을 주목했다. 이 책을 읽고 생각의 원리를 올바로 이해하고 활용함으로써 누구라도 통찰을 통해 행복한 삶을 사는 지혜를 얻을 수 있을 것이다.

● OtvN <어쩌다 어른> 특강 출연
● KBS 1TV 아침마당<목요특강> "지혜의 심리학" 특강 출연
● 2014년 중국 수출 계약 | 포스코 CEO 추천 도서
● YTN사이언스 <과학, 책을 만나다> "지혜의 심리학" 특강 출연

포스트 코로나 시대의 행복

적정한 삶

김경일 지음 | 360쪽 | 값 16,500원

우리의 삶은 앞으로 어떤 방향으로 나아가게 될까? 인지심리학자인 저자는 이번 팬데믹 사태를 접하면서 수없이 받아온 질문에 대한 답을 이번 저서를 통해 말하고 있다. 앞으로 인류는 '극대화된 삶'에서 '적정한 삶'으로 갈 것이라고. 낙관적인 예측이 아닌 엄숙한 선언이다. 행복의 척도가 바뀔 것이며 개인의 개성이 존중되는 시대가 온다. 타인이 이야기하는 'want'가 아니라 내가 진짜 좋아하는 'like'를 발견하며 만족감이 스마트해지는 사회가 다가온다. 인간의 수명은 길어졌고 적정한 만족감을 느끼지 못하는 인간은 결국 길 잃은 삶을 살게 될 것이라고 말이다.

젊음을 오래 유지하는 자율신경건강법

안티에이징 시크릿

정이안 지음
264쪽 | 값 15,800원

자율신경을 지키면 노화를 늦출 수 있다!
25년 넘게 5만 명이 넘는 환자를 진료해 온 정이안 원장이 제안하는, 노화를 늦추고 건강하게 사는 자율신경건강법이 담긴 책. 남녀를 불문하고 체내에 호르몬이 줄어들기 시작하는 35세부터 노화가 시작된다. 저자는 식습관과 생활 습관, 치료법 등 자율신경의 균형을 유지하는 다양한 한의학적 지식을 제공함으로써, 언제라도 '몸속 건강'을 지키며 젊게 살 수 있는 비결을 알려준다.

정신과 의사가 알려주는 감정 컨트롤술

마음을 치유하는
7가지 비결

가바사와 시온 지음 | 송소정 옮김 | 268쪽
값 15,000원

일본의 저명한 정신과 의사이자 베스트셀러 작가, 유튜브 채널 구독자 35만 명을 거느린 유명 유튜버이기도 한 가바사와 시온이 소개하는, 환자와 가족, 간병인을 위한 '병을 낫게 하는 감정 처방전'이다. 이 책에서 저자는 정신의학, 심리학, 뇌과학 등 여러 의학 분야를 망라하여 긍정적인 감정에는 치유의 힘이 있음을 설득력 있게 제시한다.

독일의 DNA를 밝히는 단 하나의 책!

세상에서 가장 짧은
독일사

제임스 호즈 지음 | 박상진 옮김
428쪽 | 값 23,000원

냉철한 역사가의 시선으로 그려낸 '진짜 독일의 역사'를 만나다!
『세상에서 가장 짧은 독일사』는 역사가이자 베스트셀러 소설가인 저자가 가장 최초의 독일인이라 불리는 고대 게르만의 부족부터 로마, 프랑크 왕국과 신성로마제국, 프로이센, 그리고 독일제국과 동독, 서독을 거쳐 오늘날 유럽 연합을 주도하는 독일에 이르기까지 모든 독일의 역사를 특유의 독특한 관점으로 단 한 권에 엮어낸 책이다.

● 영국 선데이 타임즈 논픽션 베스트셀러
● 세계 20개 언어로 번역

감정은 인간을 어떻게 지배하는가

감정의 역사

롭 보디스 지음 | 민지현 옮김 | 356쪽 |
값 16,500원

이 책은 몸짓이나 손짓과 같은 제스처, 즉 정서적이고 경험에 의해 말하지 않는 것들을 설득력 있게 설명한다. 우리가 느끼는 시간과 공간의 순간에 마음과 몸이 존재하는 역동적인 산물이라고 주장하면서, 생물학적, 인류학적, 사회 문화적 요소를 통합하는 진보적인 접근방식을 사용하여 전 세계의 정서적 경험의 변화를 설명한다. 감정의 역사를 연구하는 최고 학자 중 한 명으로, 독자들은 정서적 삶에 대한 그의 서사적 탐구에 매혹당하고, 감동받을 것이다.

하버드 경영대학원 마이클 포터의 성공전략 지침서

당신의 경쟁전략은 무엇인가?

조안 마그레타 지음 | 김언수, 김주권, 박상진 옮김
368쪽 | 값 22,000원

이 책은 방대하고 주요한 마이클 포터의 이론과 생각을 한 권으로 정리했다. <하버드 비즈니스리뷰> 편집장 출신인 조안 마그레타(Joan Magretta)는 마이클 포터와의 협력으로 포터교수의 아이디어를 업데이트하고, 이론을 증명하기 위해 생생하고 명확한 사례들을 알기 쉽게 설명한다. 전략경영과 경쟁전략의 핵심을 단기간에 마스터하기 위한 사람들의 필독서이다.

● 전략의 대가, 마이클 포터 이론의 결정판
● 아마존 전략분야 베스트 셀러
● 일반인과 대학생을 위한 전략경영 필독서

비즈니스 성공의 불변법칙
경영의 멘탈모델을 배운다!

퍼스널 MBA
10주년 기념 증보판

조시 카우프만 지음 | 박상진, 이상호 옮김
832쪽 | 값 35,000원

"MASTER THE ART OF BUSINESS"

비즈니스 스쿨에 발을 들여놓지 않고도 자신이 원하는 시간과 적은 비용으로 비즈니스 지식을 획기적으로 높이는 방법을 가르쳐 주고 있다. 실제 비즈니스의 운영, 개인의 생산성 극대화, 그리고 성과를 높이는 스킬을 배울 수 있다. 이 책을 통해 경영학을 마스터하고 상위 0.01%에 속하는 부자가 되는 길을 따라가 보자.

● 아마존 경영 & 리더십 트레이닝 분야 1위
● 미국, 일본, 중국 베스트 셀러
● 전 세계 100만 부 이상 판매

한국기업, 글로벌 최강 만들기 프로젝트 1

넥스트 이노베이션

김언수, 김봉선, 조준호 지음 | 396쪽
값 18,000원

넥스트 이노베이션은 혁신의 본질, 혁신의 유형, 각종 혁신의 사례들, 다양한 혁신을 일으키기 위한 약간의 방법론들, 혁신을 위한 조직 환경과 디자인, 혁신과 관련해 개인이 할 수 있는 것들, 향후의 혁신 방향 및 그와 관련된 정부의 정책의 역할까지 폭넓게 논의한다. 이 책을 통해 조직 내에서 혁신에 관한 공통의 언어를 생성하고, 새로운 혁신 프로젝트에 맞는 구체적인 도구와 프로세스를 활용하는 방법을 개발하기 바란다. 나아가 여러 혁신 성공 및 실패 사례를 통해 다양하고 창의적인 혁신 아이디어를 얻고 실행에 옮긴다면 분명 좋은 성과를 얻을 수 있으리라 믿는다.

인간에게 영감을 불어넣는 '숨'의 역사

호흡

에드거 윌리엄스 지음
황선영 옮김
396쪽 | 값 22,000원

호흡 생리학자가 엮어낸 호흡에 관한 거의 모든 지식!

우리 삶에 호흡이 왜 중요할까? 그건 바로 생존이 달려있기 때문이다. 지금까지 건강한 호흡 방법, 명상을 위한 호흡법처럼 건강으로 호흡을 설명하는 책들은 많았다. 하지만 호흡 자체의 본질적 질문에 답하는 책은 없었다. 저자는 "인간은 왜 지금과 같은 방식으로 숨을 쉬게 되었는가?"라는 질문에서 시작한다. 평생 호흡을 연구해 온 오늘날 현대인이 호흡할 수 있기까지의 전 과정을 인류역사, 인물, 사건, 기술, 문학작품을 통해서 생생하게 일러준다.

과학책에서 들었을 법한 산소 발견 이야기는 물론, 인종차별의 증거로 잘못 활용된 폐활량계, 제1차 세계대전에서 수많은 사상자를 남긴 유독가스, 오늘날에도 우리를 괴롭히는 다양한 호흡 장애와 몸과 마음을 지키는 요가의 호흡법 등, 이 책은 미처 세기도 어려운 호흡에 관한 거의 모든 지식을 총망라하며 읽는 이의 지성을 자극하고도 남는다. 인간에게 숨은 생명의 시작이면서 끝이고, 삶에 대한 풍부한 스토리를 내포하고 있다.

저자는 "평생 탐구해 온 단 하나의 물음은 '인간은 왜 지금과 같은 방식으로 숨을 쉬게 되었는가'에 대한 해답을 이 책에서 찾아보고자" 했다고 밝힌다. 하지만 호흡이라는 하나의 주제로 엮인 이 책을 통해 알 수 있는 것이 비단 호흡의 비밀만은 아니다.

우리는 수개월 동안 호흡 없이 뱃속에서 지내던 아이의 첫울음에 이루 말할 수 없는 감동을 느끼게 된다. 또한 인체에 대한 이해와 산소호흡기의 탄생 등 눈부신 발전을 이룩한 현대 의학의 이면에 숨은 수많은 연구자의 성공과 실패담을 읽으며 그 노고를 깨닫게 된다. 호흡이라는 주제로 얽히고설킨 깊고 넓은 지식의 생태계 속에서 여러분들은 인류의 변영과 고뇌, 무수한 학자들의 성공과 실패, 그리고 삶과 죽음이 녹아든 지혜를 선물 받을 것이다.

새로운 리더십을 위한 지혜의 심리학

이끌지 말고 따르게 하라

김경일 지음
328쪽 | 값 15,000원

이 책은 '훌륭한 리더', '존경받는 리더', '사랑받는 리더'가 되고
싶어하는 모든 사람들을 위한 책이다. 요즘 사회에서는 존경보
다 질책을 더 많이 받는 리더들의 모습을 쉽게 볼 수 있다. 저자
는 리더십의 원형이 되는 인지심리학을 바탕으로 바람직한 리
더의 모습을 하나씩 밝혀준다. 현재 리더의 위치에 있는 사람뿐
만 아니라, 앞으로 리더가 되기 위해 노력하고 있는 사람이라면
인지심리학의 새로운 접근에 공감하게 될 것이다. 존경받는 리
더로서 조직을 성공시키고, 나아가 자신의 삶에서도 승리하기를
원하는 사람들에게 필독을 권한다.

● OtvN <어쩌다 어른> 특강 출연
● 예스24 리더십 분야 베스트 셀러
● 국립중앙도서관 사서 추천 도서

기초가 탄탄한 글의 힘

실용 글쓰기 정석

황성근 지음 | 252쪽 | 값 13,500원

글쓰기는 인간의 기본 능력이자 자신의 능력을 발휘하는 핵심적
인 도구이다. 이 책에서는 기본 원리와 구성, 나아가 활용 수준까
지 글쓰기의 모든 것을 다루고 있다. 이 책은 지금까지 자주 언급
되고 무조건적으로 수용되던 기존 글쓰기의 이론들을 아예 무시
했다. 실제 글쓰기를 할 때 반드시 필요하고 알아두어야 하는 내용
들만 담았다. 소설 읽듯이 하면 바로 이해되고 그 과정에서 원리를
터득할 수 있도록 심혈을 기울은 책이다. 글쓰기에 대한 깊은 고민
에 빠진 채 그 방법을 찾지 못해 방황하고 있는 사람들에게 필독
하길 권한다.

앞서 가는 사람들의 두뇌 습관

스마트 싱킹

아트 마크먼 지음 | 박상진 옮김 |
352쪽 | 값 17,000원

숨어 있던 창의성의 비밀을 밝힌다!
인간의 마음이 어떻게 작동하는지 설명하고, 스마트해지는데 필
요한 완벽한 종류의 연습을 하도록 도와준다. 고품질 지식의 습
득과 문제 해결을 위해 생각의 원리를 제시하는 인지 심리학의
결정판이다! 고등학생이든, 과학자든, 미래의 비즈니스 리더든,
또는 회사의 CEO든 스마트 싱킹을 하고자 하는 누구에게나 이
책은 유용하리라 생각한다.

● 조선일보 등 주요 15개 언론사의 추천
● KBS TV, CBS방영 및 추천

UN 선정, 미래 경영의 17가지 과제

지속가능발전목표란
무엇인가?

딜로이트 컨설팅 엮음 | 배정희, 최동건 옮김 |
360쪽 | 값 17,500원

지속가능발전목표(SDGs)는 세계 193개국으로 구성된 UN에
서 2030년까지 달성해야 할 사회과제 해결을 목표로 설정됐
으며, 2015년 채택 후 순식간에 전 세계로 퍼졌다. SDGs의 큰
특징 중 하나는 공공, 사회, 개인(기업)의 세 부문에 걸쳐 널리
파급되고 있다는 점이다. 그러나 SDGs가 세계를 향해 던지는
근본적인 질문에 대해서는 사실 충분한 이해와 침투가 이뤄지
지 않고 있다. SDGs는 단순한 외부 규범이 아니다. 단순한 자
본시장의 요구도 아니다. 단지 신규사업이나 혁신의 한 종류도
아니다. SDGs는 과거 수십 년에 걸쳐 글로벌 자본주의 속에서
면면이 구축되어온 현대 기업경영 모델의 근간을 뒤흔드는 변
화(진화)에 대한 요구다. 이러한 경영 모델의 진화가 바로 이 책
의 주요 테마다.

상위 7% 우등생 부부의 9가지 비결

사랑의 완성
결혼을 다시 생각하다

그레고리 팝캑 지음
민지현 옮김 | 396쪽 | 값 16,500원

결혼 상담 치료사인 저자는 특별한 부부들이 서로를 대하는 방
식이 다른 모든 부부관계에도 도움이 된다고 알려준다. 이 책
은 저자 자신의 결혼생활 이야기를 비롯해 상담치료 사례와 이
에 대한 분석, 자가진단용 설문, 훈련 과제 및 지침 등으로 구
성되어 있다. 이 내용들은 오랜 결혼 관련 연구논문으로 지속
적으로 뒷받침되고 있으며 효과가 입증된 것들이다. 이 책을
통해 독자들은 무엇이 결혼생활에 부정적으로 작용하며, 긍정
적인 변화를 위해 어떤 노력을 해야 하는지 배울 수 있다.

나의 경력을 빛나게 하는 인지심리학

커리어 하이어

아트 마크먼 지음 | 박상진 옮김 | 340쪽 |
값 17,000원

이 책은 세계 최초로 인지과학 연구 결과를 곳곳에 배치해 '취
업-업무 성과-이직'으로 이어지는 경력 경로 전 과정을 새로
운 시각에서 조명했다. 또한, 저자인 아트 마크먼 교수가 미
국 텍사스 주립대의 '조직의 인재 육성(HDO)'이라는 석사학
위 프로그램을 직접 개설하고 책임자까지 맡으면서 '경력 관
리'에 대한 이론과 실무를 직접 익혔다. 따라서 탄탄한 이론
과 직장에서 바로 적용할 수 있는 실용성까지 갖추고 있다.
특히 2부에서 소개하는 성공적인 직장생활의 4가지 방법들
은 이 책의 백미라고 볼 수 있다.

나와 당신을 되돌아보는, 지혜의 심리학

어쩌면 우리가 거꾸로 해왔던 것들

김경일 지음 | 272쪽 | 값 15,000원

저자는 이 책에서 수십 년 동안 심리학을 공부해오면서 사람들로부터 가장 많은 공감을 받은 필자의 말과 글을 모아 엮었다. 수많은 독자와 청중들이 '아! 맞아. 내가 그랬었지'라며 지지했던 내용들이다. 다양한 사람들이 공감한 내용들의 방점은 이렇다. 안타깝게도 세상을 살아가는 우리 대부분은 '거꾸로'하고 있는지도 모른다. 이 책은 지금까지 일상에서 거꾸로 해온 것을 반대로, 즉 우리가 '거꾸로 해왔던 수많은 말과 행동들'을 조금이라도 제자리로 되돌아보려는 노력의 산물이다. 이런 지혜를 터득하고 심리학을 생활 속에서 실천하길 바란다.

고혈압, 당뇨, 고지혈증, 골관절염...
큰 병을 차단하는 의사의 특별한 건강관리법

몸의 경고

박제선 지음 | 336쪽 | 값 16,000원

현대의학은 이제 수명 연장을 넘어, 삶의 질도 함께 고려하는 상황으로 바뀌고 있다. 삶의 '길이'는 현대의료시스템에서 잘 챙겨주지만, '삶의 질'까지 보장받기에는 아직 갈 길이 멀다. 삶의 질을 높이려면 개인이 스스로 해야 할 일이 있다. 진료현장의 의사가 개인의 세세한 건강을 모두 신경 쓰기에는 역부족이다. 이 책은 아파서 병원을 찾기 전에 스스로 '예방'할 수 있는 영양요법과 식이요법에 초점 을 맞추고 있다. 병원에 가기 두렵거나 귀찮은 사람, 이미 질환을 앓고 있지만 심각성을 깨닫지 못하는 사람들에게 가정의학과 전문의가 질병 예방 길잡이를 제공하는 좋은 책이다.

질병의 근본 원인을 밝히고 남다른 예방법을 제시한다

의사들의 120세 건강 비결은 따로 있다

마이클 그레거 지음 | 홍영준, 강태진 옮김
❶ 질병원인 치유편 | 564쪽 | 값 22,000원
❷ 질병예방 음식편 | 340쪽 | 값 15,000원

미국 최고의 영양 관련 웹사이트인 http://NutritionFacts.org를 운영 중인 세계적인 영양전문가이자 내과의사가 과학적인 증거로 치명적인 질병으로 사망하는 원인을 규명하고 병을 예방하고 치유하는 식습관에 대해 집대성한 책이다. 저자는 영양과 생활방식의 조정이 처방약, 항암제, 수술보다 더 효과적일 수 있다고 강조한다. 우수한 건강서로서 모든 가정의 구성원들이 함께 읽고 실천하면 좋은 '가정건강지킴이'로서 손색이 없다.

● 아마존 식품건강분야 1위　　● 출간 전 8개국 판권계약

성공적인 인수합병의 가이드라인

시너지 솔루션

마크 서로워,
제프리 웨이런스 지음
김동규 옮김
456쪽 | 값 25,000원

"왜 최고의 기업은 최악의 선택을 하는가?"

유력 경제 주간지 『비즈니스위크Businessweek』의 기사에 따르면 주요 인수합병 거래의 65%가 결국 인수기업의 주가가 무참히 무너지는 결과로 이어졌다. 그럼에도 M&A는 여전히 기업의 가치와 미래 경쟁력을 단기간 내에 끌어올릴 수 있는 매우 유용하며 쉽게 대체할 수 없는 성장 및 발전 수단이다. 그렇다면 수많은 시너지 함정과 실수를 넘어 성공적인 인수합병을 위해서는 과연 무엇이 필요할까? 그 모든 해답이 이 책, 『시너지 솔루션』에 담겨 있다.

두 저자는 1995년부터 2018년까지 24년 동안 발표된 2,500건을 상회하는 1억 달러 이상 규모의 거래를 분석했으며, 이를 통해 인수 거래 발표 시 나타나는 주식 시장의 반응이 매우 중요하며, 이렇게 긍정적인 방향으로 시작한 거래가 부정적인 반응을 얻은 뒤 변화 없이 지속된 거래에 비해 압도적인 성과를 거두게 됨을 알게 되었다. 이러한 결과를 통해 제대로 된 인수 거래의 중요성을 재확인한 두 저자는 올바른 M&A 전략을 세우고 이를 계획대로 실행할 수 있도록 M&A의 '엔드 투 엔드 솔루션'을 제시한다. 준비된 인수기업이 되어 함정을 피할 수 있는 인수전략을 개발하고 실행하는 법은 물론, 프리미엄을 치르는 데 따르는 성과 약속을 전달하는 법, 약속한 시너지를 실제로 구현하는 법, 변화를 관리하고 새로운 문화를 구축하는 법, 그리고 장기적 주주 가치를 창출하고 유지하는 법을 모두 한 권에 책에 담음으로써, M&A의 성공률을 높이고 기업과 주주 모두에게 도움이 될 수 있도록 하였다. 『시너지 솔루션』이 제시하는 통합적인 관점을 따라간다면 머지않아 최적의 시기에 샴페인을 터뜨리며 축배를 드는 자신을 보게 될 것이다.

회사를 살리는 영업 AtoZ

세일즈 마스터

이장석 지음 | 396쪽 | 값 17,500원

영업은 모든 비즈니스의 꽃이다. 오늘날 경영학의 눈부신 발전과 성과에도 불구하고, 영업관리는 여전히 비과학적인 분야로 남아 있다. 영업이 한 개인의 개인기나 합법과 불법을 넘나드는 묘기의 수준에 남겨두는 한, 기업의 지속적 발전은 한계에 부딪히기 마련이다. 이제 편법이 아닌 정석에 관심을 쏟을 때다. 본질을 망각한 채 결과에 올인하는 영업직원과 눈앞의 성과만으로 모든 것을 평가하려는 기형적인 조직문화는 사라져야 한다. 이 책은 영업의 획기적인 리엔지니어링을 위한 AtoZ를 제시한다. 디지털과 인공지능 시대에 더 인정받는 영업직원과 리더를 위한 필살기다.

언제까지 질병으로 고통받을 것인가?

난치병 치유의 길

앤서니 윌리엄 지음 | 박용준 옮김
468쪽 | 값 22,000원

이 책은 현대의학으로는 치료가 불가능한 질병으로 고통 받는 수많은 사람들에게 새로운 치료법을 소개한다. 저자는 사람들이 무엇으로 고통 받고, 어떻게 그들의 건강을 관리할 수 있는지에 대한 영성의 목소리를 들었다. 현대 의학으로는 설명할 수 없는 질병이나 몸의 비정상적인 상태의 근본 원인을 밝혀주고 있다. 당신이 원인불명의 증상으로 고생하고 있다면 이 책은 필요한 해답을 제공해 줄 것이다.

● 아마존 건강분야 베스트 셀러 1위

유능한 리더는 직원의 회복력부터 관리한다

스트레스 받지 않는 사람은 무엇이 다른가

데릭 로저, 닉 페트리 지음
김주리 옮김 | 308쪽 | 값 15,000원

이 책은 흔한 스트레스 관리에 관한 책이 아니다. 휴식을 취하는 방법에 관한 책도 아니다. 인생의 급류에 휩쓸리지 않고 어려움을 헤쳐 나갈 수 있는 능력인 회복력을 강화하여 삶을 주체적으로 사는 법에 관한 명저다. 엄청난 무게의 힘든 상황에서도 감정적 반응을 재설계하도록 하고, 스트레스 증가 외에는 아무런 도움이 되지 않는 자기 패배적 사고 방식을 깨는 방법을 제시한다. 깨어난 순간부터 자신의 태도를 재조정하는 데 도움이 되는 사례별 연구와 극복 기술을 소개한다.

기후의 역사와 인류의 생존

시그널

벤저민 리버만, 엘리자베스 고든 지음
은종환 옮김 | 440쪽 | 값 18,500원

이 책은 인류의 역사를 기후변화의 관점에서 풀어내고 있다. 인류의 발전과 기후의 상호작용을 흥미 있게 조명한다. 인류 문화의 탄생부터 현재에 이르기까지 역사의 중요한 지점을 기후의 망원경으로 관찰하고 해석한다. 당시의 기후조건이 필연적으로 만들어낸 여러 사회적인 변화를 파악한다. 결코 간단하지 않으면서도 흥미진진한, 그리고 현대인들이 심각하게 다뤄야 할 이 주제에 대해 탐구를 시작하고자 하는 독자에게 이 책이 좋은 길잡이가 되리라 기대해본다.

세계 초일류 기업이 벤치마킹한
성공전략 5단계

승리의 경영전략

AG 래플리, 로저마틴 지음
김주권, 박광태, 박상진 옮김
352쪽 | 값 18,500원

전략경영의 살아있는 메뉴얼

가장 유명한 경영 사상가 두 사람이 전략이란 무엇을 위한 것이고, 어떻게 생각해야 하며, 왜 필요하고, 어떻게 실천해야 할지 구체적으로 설명한다. 이들은 100년 동안 세계 기업회생역사에서 가장 성공적이라고 평가받고 있을 뿐 아니라, 직접 성취한 P&G의 사례를 들어 전략의 핵심을 강조하고 있다.

● 경영대가 50인(Thinkers 50)이 선정한 2014 최고의 책
● 탁월한 경영자와 최고의 경영 사상가의 역작
● 월스트리스 저널 베스트 셀러

언어를 넘어 문화와 예술을 관통하는 수사학의 힘

현대 수사학

요아힘 크나페 지음
김종영, 홍설영 옮김 | 480쪽 | 값 25,000원

이 책의 목표는 인문학, 문화, 예술, 미디어 등 여러 분야에 수사학을 접목시킬 현대 수사학이론을 개발하는 것이다. 수사학은 본래 언어적 형태의 소통을 연구하는 학문이라서 기초이론의 개발도 이 점에 주력하였다. 그 결과 언어적 소통의 관점에서 수사학의 역사를 개관하고 정치 수사학을 다루는 서적은 꽤 많지만, 수사학 이론을 현대적인 관점에서 새롭고 포괄적으로 다룬 연구는 눈에 띄지 않는다. 이 책은 수사학이 단순히 언어적 행동에만 국한하지 않고, '소통이 있는 모든 곳에 수사학도 있다'는 가정에서 출발한다. 이를 토대로 크나페 교수는 현대 수사학 이론을 체계적으로 개발하고, 문학, 음악, 이미지, 영화 등 실용적인 영역에서 수사학적 분석이 어떻게 가능한지를 총체적으로 보여준다.

백 마디 불통의 말, 한 마디 소통의 말

당신은 어떤 말을 하고 있나요?

김종영 지음
248쪽 | 값 13,500원

리더십의 핵심은 소통능력이다. 소통을 체계적으로 연구하는 학문이 바로 수사학이다. 이 책은 우선 사람을 움직이는 힘, 수사학을 집중 조명한다. 그리고 소통의 능력을 필요로 하는 우리 사회의 리더들에게 꼭 필요한 수사적 리더십의 원리를 제공한다. 더 나아가서 수사학의 원리를 실제 생활에 어떻게 적용할 수 있는지 일러준다. 독자는 행복한 말하기와 아름다운 소통을 체험할 것이다.

● SK텔레콤 사보 <Inside M> 인터뷰
● MBC 라디오 <라디오 북 클럽> 출연
● 매일 경제, 이코노믹리뷰, 경향신문 소개
● 대통령 취임 2주년 기념식 특별연설

경쟁을 초월하여 영원한 승자로 가는 지름길

탁월한 전략이 미래를 창조한다

리치 호워드 지음 | 박상진 옮김
300쪽 | 값 17,000원

이 책은 혁신과 영감을 통해 자신들의 경험과 지식을 탁월한 전략으로 바꾸려는 리더들에게 실질적인 프레임워크를 제공해준다. 저자는 탁월한 전략을 위해서는 새로운 통찰을 결합하고 독자적인 경쟁 전략을 세우고 헌신을 이끌어내는 것이 중요하다고 강조한다. 나아가 연구 내용과 실제 사례, 사고 모델, 핵심 개념에 대한 명쾌한 설명을 통해 탁월한 전략가가 되는 데 필요한 핵심 스킬을 만드는 과정을 제시해준다.

● 조선비즈, 매경이코노미 추천도서
● 저자 전략분야 뉴욕타임스 베스트 셀러

대담한 혁신상품은 어떻게 만들어지는가?

신제품 개발 바이블

로버트 쿠퍼 지음 | 류강석, 박상진, 신동영 옮김
648쪽 | 값 28,000원

오늘날 비즈니스 환경에서 진정한 혁신과 신제품개발은 중요한 도전과제이다. 하지만 대부분의 기업들에게 야심적인 혁신은 보이지 않는다. 이 책의 저자는 제품혁신의 핵심성공 요인이자 세계최고의 제품개발 프로세스인 스테이지-게이트(Stage-Gate)에 대해 강조한다. 아울러 올바른 프로젝트 선택 방법과 스테이지-게이트 프로세스를 활용한 신제품개발 성공 방법에 대해서도 밝히고 있다. 신제품은 기업번영의 핵심이다. 이러한 방법을 배우고 기업의 실적과 시장 점유율을 높이는 대담한 혁신을 성취하는 것은 담당자, 관리자, 경영자의 마지노선이다.

10만 독자가 선택한
국내 최고의 인지심리학 교양서

지혜의 심리학
10주년 기념판

김경일 지음
340쪽 | 값 18,500원

10주년 기념판으로 새롭게 만나는 '인지심리학의 지혜'! 생각에 관해서 인간은 여전히 이기적이고 이중적이다. 깊은 생각을 외면하면서도 자신의 생각과 인생에 있어서 근본적인 변화를 애타게 원하기 때문이다. 하지만 과연 몇이나 자기계발서를 읽고 자신의 생각에 근본적인 변화와 개선을 가질 수 있었을까? 불편하지만 진실은 '결코 없다'이다. 우리에게 필요한 것은 '어떻게' 그 이상, '왜'이다. '왜'라고 생각하면 '왜냐하면'이라는 답이 태어나고, 이는 다시금 더 이전의 원인에 대한 질문인 또 다른 '왜'와 그에 따른 '왜냐하면'들을 낳는다.

우리는 살아가면서 다양한 어려움에 봉착하게 된다. 이때 우리는 지금까지 살아오면서 쌓았던 다양한 How들만 가지고는 이해할 수도 해결할 수도 없는 어려움들에 자주 직면하게 된다. 따라서 이 How들을 이해하고 연결해 줄 수 있는 Why에 대한 대답을 지녀야만 한다. 『지혜의 심리학』은 바로 이 점을 우리에게 알려주어 왔다. 이 책은 '이런 이유가 있다'로 우리의 관심을 발전시켜 왔다. 그리고 그 이유들이 도대체 '왜' 그렇게 자리 잡고 있으며 왜 그렇게 고집스럽게 우리의 생각 깊은 곳에서 힘을 발휘하는지에 대하여 눈을 뜨게 해주었다.

그동안 『지혜의 심리학』은 국내 최고의 인지심리학자인 김경일 교수가 생각의 원리에 대해 직접 연구한 내용을 바탕으로 명쾌한 논리로 수많은 독자들을 지혜로운 인지심리학의 세계로 안내해 왔다. 그리고 앞으로도, 새로운 독자들에게 참된 도전과 성취에 대한 자신감을 건네주기에 더할 나위 없는 지혜를 선사할 것이다.

● OtvN <어쩌다 어른> 특강 출연
● 2014년 중국 수출 계약 | 포스코 CEO 추천 도서

노자, 궁극의 리더십을 말하다

2020 대한민국을 통합시킬 주역은 누구인가?

안성재 지음 | 524쪽 | 값 19,500원

노자는 "나라를 다스리는 것은 간단하고도 온전한 원칙이어야지, 자꾸 복잡하게 그 원칙들을 세분해서 강화하면 안된다!"라고 일갈한다. 법과 제도를 세분해서 강화하지 않고 원칙만으로 다스리는 것이 바로 대동사회다. 원칙을 수많은 항목으로 세분해서 통제한 것은 소강사회의 모태가 되므로 경계하지 않으면 안된다. 이 책은 [도덕경]의 오해와 진실 그 모든 것을 이야기한다. 동서고금을 아우르는 지혜가 살아넘친다. [도덕경] 한 권이면 국가를 경영하는 정치지도자에서 기업을 경영하는 관리자까지 리더십의 본질을 꿰뚫 수 있을 것이다.

인생의 고수가 되기 위한 진짜 공부의 힘

김병완의 공부혁명

김병완 지음
236쪽 | 값 13,800원

공부는 20대에게 세상을 살아갈 수 있는 힘과 자신감 그리고 내공을 길러준다. 그래서 20대 때 공부에 미쳐 본 경험이 있는 사람과 그렇지 못한 사람은 알게 모르게 평생 큰 차이가 난다. 진짜 청춘은 공부하는 청춘이다. 공부를 하지 않고 어떻게 100세 시대를 살아가고자 하는가? 공부는 인생의 예의이자 특권이다. 20대 공부는 자신의 내면을 발견할 수 있게 해주고, 그로 인해 진짜 인생을 살아갈 수 있게 해준다. 이 책에서 말하는 20대 청춘이란 생물학적인 나이만을 의미하지 않는다. 60대라도 진짜 공부를 하고 있다면 여전히 20대 청춘이고 이들에게는 미래에 대한 확신과 풍요의 정신이 넘칠 것이다.

감동으로 가득한 스포츠 영웅의
휴먼 스토리

오픈

안드레 애거시 지음 | 김현정 옮김
614쪽 | 값 19,500원

시대의 이단아가 던지는 격정적 삶의 고백!

남자 선수로는 유일하게 골든 슬램을 달성한 안드레 애거시. 테니스 인생의 정상에 오르기까지와 파란만장한 삶의 여정이 서정적 언어로 독자의 마음을 자극한다. 최고의 스타 선수는 무엇으로, 어떻게, 그 자리에 오를 수 있었을까? 또 행복하지만 은 않았던 그의 테니스 인생 성장기를 통해 우리는 무엇을 배 울 수 있을까. 안드레 애거시의 가치관가 생각을 읽을 수 있다.

진성 FOCUS 4

하버드 경영 대학원 마이클 포터의 성공전략 지침서

당신의 경쟁전략은 무엇인가?

조안 마그레타 지음
김언수, 김주권, 박상진 옮김
368쪽 | 값 22,000원

마이클 포터(Michael E. Porter)는 전략경영 분야의 세계 최고 권위자다. 개별 기업, 산업구조, 국가를 아우르는 연구를 전개해 지금까지 17권의 저서와 125편 이상의 논문을 발표했다. 저서 중 『경쟁전략(Competitive Strategy)』(1980), 『경쟁우위(Competitive Advantage)』(1985), 『국가경쟁우위(The Competitive Advantage of Nations)』(1990) 3부작은 '경영전략의 바이블이자 마스터피스'로 공인받고 있다. 경쟁우위, 산업구조 분석, 5가지 경쟁요인, 본원적 전략, 차별화, 전략적 포지셔닝, 가치사슬, 국가경쟁력 등의 화두는 전략 분야를 넘어 경영학 전반에 새로운 지평을 열었고, 사실상 세계 모든 경영 대학원에서 핵심적인 교과목으로 다루고 있다. 이 책은 방대하고 주요한 마이클 포터의 이론과 생각을 한 권으로 정리했다. <하버드 비즈니스리뷰> 편집장 출신인 저자는 폭넓은 경험을 바탕으로 포터 교수의 강력한 통찰력을 경영일선에 효과적으로 적용할 수 있도록 설명한다. 즉, "경쟁은 최고가 아닌 유일무이한 존재가 되고자 하는 것이고, 경쟁자들 간의 싸움이 아니라, 자사의 장기적 투하자본이익률(ROIC)을 높이는 것이다." 등 일반인들이 잘못 이해하고 있는 포터의 이론들을 명백히 한다. 전략경영과 경쟁전략의 핵심을 단기간에 마스터하여 전략의 전문가로 발돋음 하고자 하는 대학생은 물론 전략에 관심이 있는 MBA과정의 학생들을 위한 필독서이다. 나아가 미래의 사업을 주도하여 지속적 성공을 꿈꾸는 기업의 관리자에게는 승리에 대한 영감을 제공해 줄 것이다.

- **전략의 대가, 마이클 포터 이론의 결정판**
- **아마존전략 분야 베스트 셀러**
- **일반인과 대학생을 위한 전략경영 필독서**

진정한 부와 성공을 끌어당기는 단 하나의 마법

생각의 시크릿

밥 프록터, 그레그 레이드 지음 | 박상진 옮김
268쪽 | 값 13,800원

성공한 사람들은 그렇지 못한 사람들과 다른 생각을 갖고 있는
것인가? 지난 100년의 역사에서 수많은 사람을 성공으로 이끈
성공 철학의 정수를 밝힌다. <생각의 시크릿>은 지금까지 부자
의 개념을 오늘에 맞게 더 구체화시켰다. 지금도 변하지 않는 법
칙을 따르기만하면 누구든지 성공의 비밀에 다가갈 수 있다. 이 책
은 각 분야에서 성공한 기업가들이 지난 100년간의 성공 철학을
어떻게 이해하고 따라했는지 살펴보면서, 그들의 성공 스토리를
생생하게 전달하고 있다.

● 2016년 자기계발분야 화제의 도서
● 매경이코노미, 이코노믹리뷰 소개

새로운 시대는 逆(역)으로 시작하라!

콘트래리언

이신영 지음
408쪽 | 값 17,000원

위기극복의 핵심은 역발상에서 나온다!
세계적 거장들의 삶과 경영을 구체적이고 내밀하게 들여다본 저
자는 그들의 성공핵심은 많은 사람들이 옳다고 추구하는 흐름에
'거꾸로' 갔다는 데 있음을 발견한다. 모두가 실패를 두려워할 때
도전할 줄 알았고, 모두가 아니라고 말하는 아이디어를 성공적
인 아이디어로 발전시켰으며 최근 15년간 3대 악재라 불린 위기
속에서 기회를 찾고 성공을 거두었다.

● 한국출판문화산업 진흥원 '이달의 책' 선정도서
● KBS 1 라디오 <오한진 이정민의 황금사과> 방송

"이 검사를 꼭 받아야 합니까?"

과잉 진단

길버트 웰치 지음 | 홍영준 옮김
391쪽 | 값 17,000원

병원에 가기 전 꼭 알아야 할 의학 지식!
과잉진단이라는 말은 아무도 원하지 않는다. 이는 걱정과 과잉
진료의 전조일 뿐 개인에게 아무 혜택도 없다. 하버드대 출신 의
사인 저자는, 의사들의 진단욕심에 비롯된 과잉진단의 문제점과
과잉진단의 합리적인 이유를 함께 제시함으로써 질병예방의 올
바른 패러다임을 전해준다.

● 한국출판문화산업 진흥원 『이달의 책』 선정도서
● 조선일보, 중앙일보, 동아일보 등 주요 언론사 추천

"질병의 근본 원인을 밝히고
남다른 예방법을 제시한다"

의사들의 120세
건강비결은 따로 있다

마이클 그레거 지음
홍영준, 강태진 옮김
❶ 질병원인 치유편 값 22,000원 | 564쪽
❷ 질병예방 음식편 값 15,000원 | 340쪽

우리가 미처 몰랐던 질병의 원인과 해법
질병의 근본 원인을 밝히고 남다른 예방법을 제시한다
건강을 잃으면 모든 것을 잃는다. 의료 과학의 발달로 조
만간 120세 시대도 멀지 않았다. 하지만 우리의 미래는
'얼마나 오래 살 것인가?'보다는 '얼마나 건강하게 오래 살
것인가?'를 고민해야하는 시점이다. 이 책은 질병과 관련
된 주요 사망 원인에 대한 과학적 인과관계를 밝히고, 생
명에 치명적인 병을 예방하고 건강을 회복시킬 수 있는 방
법을 명쾌하게 제시한다. 수천 편의 연구결과에서 얻은 적
절한 영양학적 식이요법을 통하여 건강을 획기적으로 증
진시킬 수 있는 과학적 증거를 밝히고 있다. 15가지 주요
조기 사망 원인들(심장병, 암, 당뇨병, 고혈압, 뇌질환 등
등)은 매년 미국에서만 1백 6십만 명의 생명을 앗아간다.
이는 우리나라에서도 주요 사망원인이다. 이러한 비극의
상황에 동참할 필요는 없다. 강력한 과학적 증거가 뒷받침
된 그레거 박사의 조언으로 치명적 질병의 원인을 정확히
파악하라. 그리고 장기간 효과적인 음식으로 위험인자를
적절히 예방하라. 그러면 비록 유전적인 단명요인이 있다
해도 이를 극복하고 장기간 건강한 삶을 영위할 수 있다.
이제 인간의 생명은 운명이 아니라, 우리의 선택에 달려있
다. 기존의 건강서와는 차원이 다른 이 책을 통해서 '더 건
강하게, 더 오래 사는' 무병장수의 시대를 활짝 열고, 행복
한 미래의 길로 나아갈 수 있을 것이다.

● 아마존 의료건강분야 1위
● 출간 전 8개국 판권계약

사단법인 건강인문학포럼

1. 취지

세상이 빠르게 변화하고 있습니다. 눈부신 기술의 진보 특히, 인공지능, 빅데이터, 메타버스 그리고 유전의학과 정밀의료의 발전은 인류를 지금까지 없었던 새로운 세상으로 안내하고 있습니다. 앞으로 산업과 직업, 하는 일과 건강관리의 변혁은 피할 수 없는 상황으로 다가오고 있습니다.

이러한 변화에 따라 〈사단법인〉 건강인문학포럼은 '건강은 건강할 때 지키자'라는 취지에서 신체적 건강, 정신적 건강, 사회적 건강이 조화를 이루는 "건강한 삶"을 찾는데 의의를 두고 있습니다. 100세 시대를 넘어서서 인간의 한계수명이 120세로 늘어난 지금, 급격한 고령인구의 증가는 저출산과 연관되어 국가 의료재정에 큰 부담이 되리라 예측됩니다. 따라서 개인 각자가 자신의 건강을 지키는 것 자체가 사회와 국가에 커다란 기여를 하는 시대가 다가오고 있습니다.

누구나 겪게 마련인 '제 2의 삶'을 주체적으로 살며, 건강한 삶의 지혜를 함께 모색하기 위해 사단법인 건강인문학포럼은 2018년 1월 정식으로 출범했습니다. 우리의 목표는 분명합니다. 스스로 자신의 건강을 지키면서 능동적인 사회활동의 기간을 충분히 연장하여 행복한 삶을 실현하는 것입니다. 전문가로부터 최신의학의 과학적 내용을 배우고, 5년 동안 불멸의 동서양 고전 100권을 함께 읽으며 '건강한 마음'을 위한 인문학적 소양을 넓혀 삶의 의미를 찾아볼 것입니다. 의학과 인문학 그리고 경영학의 조화를 통해 건강한 인간으로 사회에 선한 영향력을 발휘하고, 각자가 주체적인 삶을 살기 위한 지혜를 모색해 가고자 합니다.

건강과 인문학을 위한 실천의 장에 여러분을 초대합니다.

2. 비전, 목적, 방법

| 비 전

장수시대에 "건강한 삶"을 위해 신체적, 정신적, 사회적 건강을 돌보고, 함께 잘 사는 행복한 사회를 만드는 데 필요한 덕목을 솔선수범하면서 존재의 의미를 찾는다.

| 목 적

우리는 5년간 100권의 불멸의 고전을 읽고 자신의 삶을 반추하며, 중년 이후의 미래를 새롭게 설계해 보는 "자기인생론"을 각자 책으로 발간하여 유산으로 남긴다.

| 방 법

매월 2회 모임에서 인문학 책 읽기와 토론 그리고 특강에 참여한다. 아울러서 의학 전문가의 강의를 통해서 질병예방과 과학적인 건강 관리 지식을 얻고 실천해 간다.

3. 2024년 프로그램 일정표

- 프로그램 및 일정 -

월	선정도서	의학(건강) 특강	일정
1월	왜 나는 너를 사랑하는가 / 알랭 드 보통	김종갑 교수, 박문호 박사	1/10, 1/24
2월	나의 서양 미술 순례 / 서경식	이재원 교수, 황농문 교수	2/14. 2/28
3월	느리게 나이드는 습관 / 정희원	김도원 원장, 박상진 회장	3/13, 3/27
4월	유리알 유희 / H. 헤세	심장병	4/17, 4/24
5월	세상에서 가장 짧은 독일사 / 제임스 호즈	폐병	5/8/ 5/22
6월	내적 시간의식의 현상학 / E. 후설	위암	6/12, 6/26
7월	분노의 포도 / 존 스타인벡	감염	7/17, 7/24
8월	같기도 하고, 아니 같기도 하고 / R. 호프만	당뇨병	8/14, 8/28
9월	논리 철학 논고 / 비트겐슈타인	고혈압	9/11, 9/25
10월	걸리버 여행기 / J. 스위프트	간질환	10/16, 10/23
11월	예루살렘의 아이히만 / H. 아렌트	백혈병	11/13, 11/27
12월	무정 / 이광수	신부전	12/11, 12/20

프로그램 자문위원	▶ 인 문 학 : 김성수 교수, 김종영 교수, 박성창 교수, 이재원 교수, 조현설 교수 ▶ 건강(의학) : 김선희 교수, 김명천 교수, 이은희 원장, 박정배 원장, 정이안 원장 ▶ 경 영 학 : 김동원 교수, 정재호 교수, 김신섭 대표, 전이현 대표, 남석우 회장

4. 독서회원 모집 안내

운 영 : 매월 둘째 주, 넷째 주 수요일 월 2회 비영리로 운영됩니다.
1. 매월 함께 읽은 책에 대해 발제와 토론을 하고, 전문가 특강으로 완성함.
2. 건강(의학) 프로그램은 매 월 1회 전문가(의사) 특강 매년 2회.
   인문학 기행 진행과 등산 등 운동 프로그램도 진행함.
회 비 : 오프라인 회원(12개월 60만원), 온라인 회원(12개월 30만원)
일 시 : 매월 2, 4주 수요일(18:00~22:00)
장 소 : 서울시 강남구 테헤란로514 삼흥2빌딩 8층

문 의 : 기업체 단체 회원(온라인) 독서 프로그램은 별도로 운영합니다(문의 요망)
02-3452-7761 / www.120hnh.co.kr

"책읽기는 충실한 인간을 만들고, 글쓰기는 정확한 인간을 만든다."
프랜시스 베이컨(영국의 경험론 철학자, 1561~1626)

기업체 교육안내 <탁월한 전략의 개발과 실행>

월스트리트 저널(WSJ)이 포춘 500대 기업의 인사 책임자를 조사한 바에 따르면, 관리자에게 가장 중요한 자질은 <전략적 사고>로 밝혀졌다. 750개의 부도기업을 조사한 결과 50%의 기업이 전략적 사고의 부재에서 실패의 원인을 찾을 수 있었다. 시간, 인력, 자본, 기술을 효과적으로 사용하고 이윤과 생산성을 최대로 올리는 방법이자 기업의 미래를 체계적으로 예측하는 수단은 바로 '전략적 사고'에서 시작된다.

전략적 사고

부서를 초월한 업무능력
성과도출 능력
전반적 리더십
핵심재무/회계의 이해

<관리자의 필요 자질>

새로운 시대는 새로운 전략!

- 세계적인 저성장과 치열한 경쟁은 많은 기업들을 어려운 상황으로 내몰고 있다. 산업의 구조적 변화와 급변하는 고객의 취향은 경쟁우위의 지속성을 어렵게 한다. 조직의 리더들에게 사업적 혜안(Acumen)과 지속적 혁신의지가 그 어느 때보다도 필요한 시점이다.
- 핵심기술의 모방과 기업 가치사슬 과정의 효율성으로 달성해온 품질대비 가격경쟁력이 후발국에게 잠식당할 위기에 처해있다. 산업구조 조정만으로는 불충분하다. 새로운 방향의 모색이 필요할 때이다.
- 기업의 미래는 전략이 좌우한다. 장기적인 목적을 명확히 설정하고 외부환경과 기술변화를 면밀히 분석하여 필요한 역량과 능력을 개발해야 한다. 탁월한 전략의 입안과 실천으로 차별화를 통한 지속가능한 경쟁우위를 확보해야 한다. 전략적 리더십은 기업의 잠재력을 효과적으로 이끌어 낸다.

<탁월한 전략> 교육의 기대효과

① 통합적 전략교육을 통해서 직원들의 주인의식과 몰입의 수준을 높여 생산성의 상승을 가져올 수 있다.
② 기업의 비전과 개인의 목적을 일치시켜 열정적으로 도전하는 기업문화로 성취동기를 극대화할 수 있다.
③ 차별화로 추가적인 고객가치를 창출하여 장기적인 경쟁우위를 바탕으로 지속적 성공을 가져올 수 있다.

- 이미 발행된 관련서적을 바탕으로 <탁월한 전략>의 필수적인 3가지 핵심 분야(전략적 사고, 전략의 구축과 실행, 전략적 리더십)를 통합적으로 마스터하는 프로그램이다.

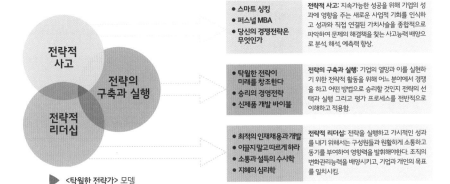

- 스마트 싱킹
- 퍼스널 MBA
- 당신의 경쟁전략은 무엇인가

전략적 사고: 지속가능한 성공을 위해 기업의 성과에 영향을 주는 새로운 사업적 기회를 인식하고 성과와 직접 연결된 가치사슬을 종합적으로 파악하여 문제의 해결책을 찾는 사고능력 배양으로 분석, 해석, 예측력 향상.

- 탁월한 전략이 미래를 창조한다
- 승리의 경영전략
- 신제품 개발 바이블

전략의 구축과 실행: 기업의 열망과 이를 실현하기 위한 전략적 활동을 위해 어느 분야에서 경쟁을 하고 어떤 방법으로 승리할 것인지 전략의 선택과 실행 그리고 평가 프로세스를 전반적으로 이해하고 적용함.

- 최적의 인재채용과 개발
- 이끌지말고따르게하라
- 소통과 설득의 수사학
- 지혜의 심리학

전략적 리더십: 전략을 실행하고 가시적인 성과를 내기 위해서는 구성원들과 원활하게 소통하고 동기를 부여하여 영향력을 발휘해야한다. 조직의 변화관리능력을 배양시키고, 기업과 개인의 목표를 일치시킴.

▶ <탁월한 전략가> 모델

특강 및 교육 신청 문의: 진성북스, 02-3452-7761